Südwest Verlag
Bibliothek DAS NEUE UNIVERSUM

Spuren in der Natur

Sylvain Thomassin

Mit 8 Farbtafeln
und über 200 Zeichnungen

Bildnachweis:
Toni Angermayer, Holzkirchen/Foto: Hans Pfletschinger: neben S. 33 (beide), neben S. 65 (beide); Okapia, Frankfurt/Foto: W. Irsch: neben S. 64 oben; Photo-Center Greiner & Meyer, Braunschweig/Foto Greiner: neben S. 96, Foto Kratz: neben S. 32 unten rechts, neben S. 64 unten, Foto Pott: neben S. 32 oben links, Foto Schrempp: neben S. 32 oben rechts und unten links.

Zeichnungen von Hannes Limmer (neben S. 97, 128 und 129)
Umschlag: Atelier Blaumeister, München

Titel der französischen Originalausgabe:
traces d'animaux
Empreintes, nids, toiles ...
Autor: Sylvain Thomassin
Mitautoren: Gérard Germain, Jacques Navarin und René Volot

Übersetzung aus dem Französischen: Dr. Marcus Würmli

ISBN 3-517-00860-5

Printed in Germany
Satz: Leingärtner, Nabburg
Repro: Wenschow-Franzis-Druck GmbH, München
Druck und Bindung: Mainpresse Richterdruck Würzburg

Inhalt

Kästchentexte mit Anleitungen

Verzeichnis der Abbildungstafeln mit erklärenden Texten

Einführung

Wer Tiere in ihren Lebensräumen beobachten will, und sei es auch mit Hilfe eines guten Feldstechers, gelangt nicht immer an das Ziel seiner Wünsche. Waldtiere zum Beispiel sind nur schwer zu sehen, wenn die Bäume Laub tragen. Und alle unsere Säugetiere verstehen es, das Gelände und die Vegetation zur eigenen Tarnung auszunutzen. Die meisten davon bekommen wir nur nach vielen durchwachten Nächten zu Gesicht. Da müssen wir stundenlang stillsitzen und dürfen nicht einmal die Stechmücken vertreiben! Schließlich dürfen wir nicht vergessen, daß manche Säuger den größten Teil ihres Lebens unter der Erde verbringen.

Glücklicherweise gibt es sichtbare Zeichen für die Existenz und das Wirken der Tiere. Wir nennen sie Spuren und meinen damit nicht nur Fußabdrücke, sondern auch Wechsel, Erdhaufen, Baue, Fraßspuren aller Art, Losung und Kot. Alle diese Puzzlestücke verraten uns etwas über das Leben ihrer Urheber. Das Ziel dieses Buches ist es, den Leser in diese Erscheinungen einzuführen, die jedermann ohne Hilfsmittel zugänglich sind. Deswegen setzt sich jedes der folgenden Kapitel aus mehreren Teilen zusammen:

– Der beschreibende Teil widmet sich der Bestimmung der Spuren und ihrer Urheber.

– Die einzelnen Tierarten werden nicht nur nach der Form der Spuren behandelt, sondern der Leser findet auch viele wissenswerte Tatsachen aus der Verhaltensforschung und der Ökologie, besonders natürlich solchen, die sich durch Spuren erschließen lassen.

– Praktische Arbeitsanleitungen regen zur Beschäftigung mit Spuren an. Die vorgeschlagenen Aufgaben können einzeln, in der Familie, in der Gruppe, ja im Forschungsteam durchgeführt werden.

Die Zoologen haben Spuren seit jeher zu Forschungsarbeiten verwendet. Die Säugetierfauna eines Gebietes läßt sich zum Beispiel viel einfacher mit Hilfe der Spuren als mit direkten und oft unsicheren Beobachtungen erfassen.

Natürlich mußte auch dieses Buch eine Auswahl treffen, doch ist sie immerhin reichlich ausgefallen. Wenn wir nur alle Gallenformen Mitteleuropas abbilden und beschreiben wollten, müßten wir Dutzende von Büchern füllen. Die Auswahl wurde hier so vorgenommen, daß alle häufigen und alle charakteristischen Spurentypen vertreten sind. Das Buch berücksichtigt dabei die Gebiete Mittel- und Westeuropa und damit Deutschland, Österreich, die Schweiz, die Niederlande, Belgien und Frankreich. Miteingeschlossen sind auch die mittelmeerischen Gebiete Frankreichs und Norditaliens. Eine besondere Berücksichtigung erfahren die Spuren der Säugetiere, denn sie gehören zu den auffälligsten und beliebtesten.

Der vorliegende Führer ist in fünf Kapitel eingeteilt. Der erste beschäftigt sich mit den Spuren, welche Säugetiere, Vögel, Reptilien und Amphibien bei der Fortbewegung zurücklassen. Zeichnungen der Fußabdrücke vieler Säuger und Vogelarten ermöglichen eine genaue Bestimmung. Die Pfade und Wechsel der Säuger werden im zweiten Kapitel beschrieben. Ihr oft typischer Verlauf macht uns das Territorial- oder Revierverhalten begreifbar. Es ist bei vielen Tieren vorhanden und bestimmt zahlreiche andere angeborene oder erlernte Verhaltensweisen. Das dritte Kapitel widmet sich den äußerst mannigfaltigen Vogelnestern und Säugetierbauen. Auch hier ist es das Ziel, die Arten zu bestimmen und die Anpassung ihrer »Architektur« an Lebensweise und Umwelt zu erkennen. Das vierte Kapitel behandelt die Fraßspuren und die Reste der Mahlzeiten, also Kot, Losung usw. Es beschränkt sich aber nicht auf die einfache Bestimmung, sondern möchte auch die gegenseitige Verknüpfung zwischen Lebewesen und Umwelt deutlich machen. Das fünfte Kapitel behandelt die Spuren der wirbellosen Tiere, die überall, in jedem Lebensraum, auf dem Land wie mitten in der Stadt, anzutreffen sind. Besonders hier mußten wir uns auf eine Auswahl beschränken, die allerdings die gesamte Formenvielfalt umreißt. Besondere Betonung wurde auf die Spinnennetze gelegt. Der Naturfreund vernachlässigt sie oft, obwohl sie jedermann auffallen und vielfältige Beobachtungen erlauben. Der Anhang schließlich faßt die Arbeitsmethoden der Spurenkunde zusammen und gibt weitere Anleitungen zum Selbermachen.

Spuren sind ein vorzügliches Hilfsmittel für das Studium freilebender Tiere. Natürlich sollte der Naturfreund auch die entsprechenden Tiere kennen. Doch hätte es den Raum dieses Buches gesprengt, auch die Urheber der hier behandelten Spuren abzubilden und zu beschreiben. Dafür gibt es viele gute Bestimmungsbücher für Anfänger wie für Fortgeschrittene.

1

Fußspuren und Gangarten

Fußabdrücke von Säugern

Die Fußspur stellt einen negativen Abdruck des Fußes dar. Oft ist sie der beste Indizienbeweis für das Vorhandensein einer Tierart, bisweilen gar der einzige.
Die Form eines Fußabdrucks wird von verschiedenen Faktoren beeinflußt:

– von dem Gewicht, dem Geschlecht, dem physischen Zustand und der Geschwindigkeit des Tieres
– von der Natur des Untergrundes, seiner Hangneigung und der Pflanzendecke
– von dem Alter des Abdrucks und den atmosphärischen Bedingungen.

Die besten Spurenkenner in Europa sind wohl die Führer der wenigen Spürhundmeuten, die es in Frankreich und England noch gibt. Bei der Hetzjagd mit diesen Hunden lokalisiert und wählt er das Tier aus, das die Meute zu jagen hat. Mit einem besonders darauf abgerichteten Hund sucht er die Spuren des Wildes auf, ohne sich ihm jedoch zu nähern, damit es sein Lager nicht verläßt. Er identifiziert das Tier allein anhand der Spuren, ohne es direkt zu sehen. Nach der Rückkehr kennt er jedoch dessen Alter, sein Geschlecht, das Gewicht, die körperliche Verfassung und sogar die Geweihform, wenn es sich um einen männlichen Hirsch handelt. Um ein Huftier allein nach seinem Trittsiegel beurteilen zu können, bedarf es einer sehr großen Erfahrung, und man kann sie eigentlich nur durch einen Lehrer gewinnen. Dennoch kann es jeder lernen, wenigstens den Unterschied zwischen einem männlichen und einem weiblichen Tier und andere Einzelheiten zu erfassen.
Wer Lust zu Versuchen hat, kann mit einer imaginären Spur – etwa mit Hilfe eines Stempels – herausfinden, wie sich Spuren auf verschiedenen Böden und unter verschiedenen Wetterbedingungen ausprägen und entwickeln.
Für die richtige Bestimmung einer Spur mit Hilfe dieses Buches sind Vergleiche zwischen Bild und Text wichtig. Dafür brauchen wir einige anatomische Kenntnisse, die uns die Tafel 1 vermittelt.

Fig. 1: Pfote eines Dachses
Wenn wir die Pfoten eines huflosen Tieres wie des Dachses *(Meles meles)* betrachten, fallen uns zunächst die elastischen Ballen auf, die dem Pfotenabdruck die charakteristische Form verleihen. Je nach der Beschaffenheit des Bodens und der Laufgeschwindigkeit des Tieres werden nicht alle Ballen gleichermaßen abgebildet. Oft sind die Zehenballen die einzigen, die zu sehen sind. Das deutet auf einen schnellen Lauf hin. Das Tier hebt die Fußwurzel, der Körper ist nach vorne geneigt, ähnlich wie bei einem Sprinter.
Die Fortbewegungsorgane haben sich in diesem Sinne entwickelt: wenn ein Tier sich notgedrungenermaßen immer wieder schnell fortbewegen muß, nimmt es zunehmend die Spitzen seiner Extremitäten zur Hilfe, so daß sich sein Gewicht auf eine immer kleinere Oberfläche verteilt. Der Dachs zeigt allerdings keine Anpassung in diesem Sinne – wohl aber das Pferd –, denn als verhältnismäßig langsamer Allesfresser vertraut er vor allem auf seine Tarnung und seinen ausgezeichneten Geruchssinn, um Überraschungen zuvorzukommen. Die Zehen und Krallen sind alle gut entwickelt. Bei jenen Säugern, die alle fünf Zehen beibehalten haben, ist die innere Zehe, die unserem Daumen entspricht, stets am kürzesten, die dritte Zehe am längsten. Auf diese Weise kann man selbst an einem isolierten Abdruck die Pfoten der linken und der rechten Körperseite unterscheiden. Die Krallen des Dachses sind lang und kräftig. Sie bilden sich immer tief auf dem Boden ab, denn schließlich handelt es sich um Grabkrallen, eine Anpassung an eine fast extrem grabende Lebensweise. Die Gesamtlänge der Gänge in einem großen Dachsbau kann über 2 km betragen! Wenn bei gewissen Säugerarten die Laufgeschwindigkeit ein entscheidendes Element für das Überleben darstellt, so haben solche Formen eine oder mehrere Zehen ganz oder teilweise zurückgebildet.

Fig. 2: Abdruck der rechten Vorderpfote eines Fuchses
Der Fuchs *(Vulpes vulpes)* stützt sich nur noch auf vier Zehen. Der zurückgebildete Daumen spielt bei der Fortbewegung keine Rolle mehr. Der Abdruck zeigt nur noch vier Zehenballen. Am kürzesten ist die Außenzehe, die unserem kleinen Finger entspricht. Der Abdruck der Krallen widerspiegelt einen Kompromiß zwischen verschiedenen Lebensnotwendigkeiten des Fuchses. Die Krallen sind kräftig genug, um einen Bau zu graben oder um ein Nest mit Nagetieren freizulegen. Doch bleiben die Krallen spitz genug, um als Fangorgan solche Nager bei der Jagd am Boden festzuhalten. Schließlich darf die Krallenlänge nicht ein leises Anschleichen unmöglich machen oder auf der Flucht bzw. bei der Hetzjagd die Laufgeschwindigkeit beeinträchtigen. Der Fuchs ist ein Opportunist, der sich in allen Situationen zu helfen weiß. Er ernährt sich auf Wiesen von Mäusen, auf Müllplätzen von Ratten, er verschlingt auch Heuschrecken und Maikäfer, in Gärten geht er an süße Früchte, und an Raststätten plündert er die randvollen Mülleimer. Sein Fußabdruck ist ein Abbild seiner Vielseitigkeit in Sachen Ernährung.

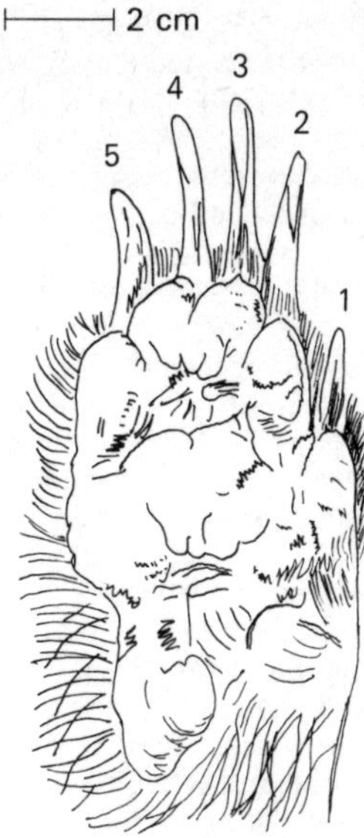

Fig. 1

Fig. 2

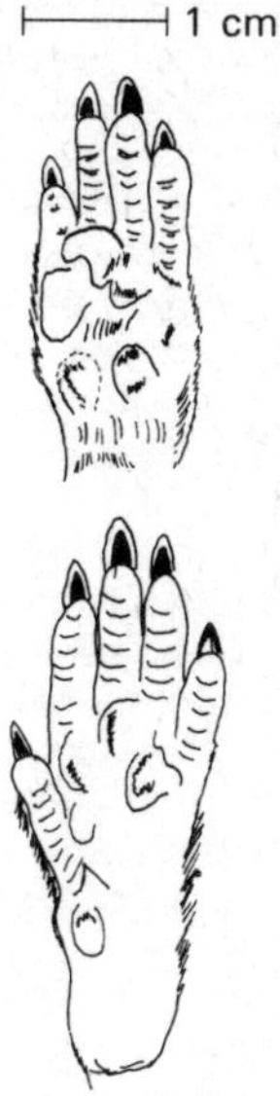

Fig. 3

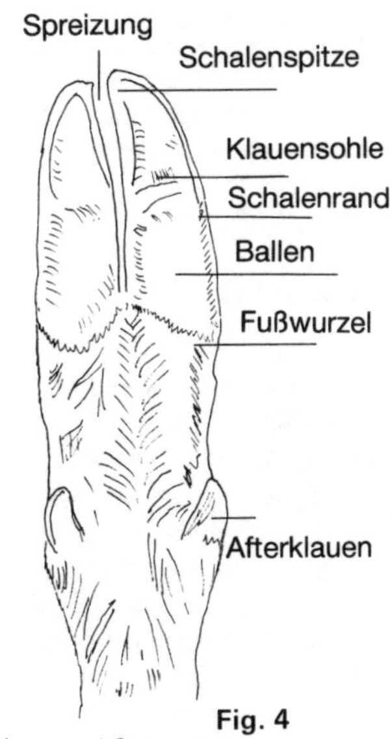

Fig. 4

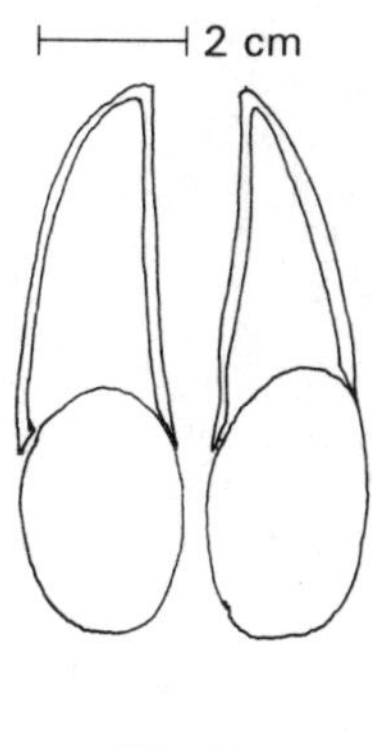

Fig. 5

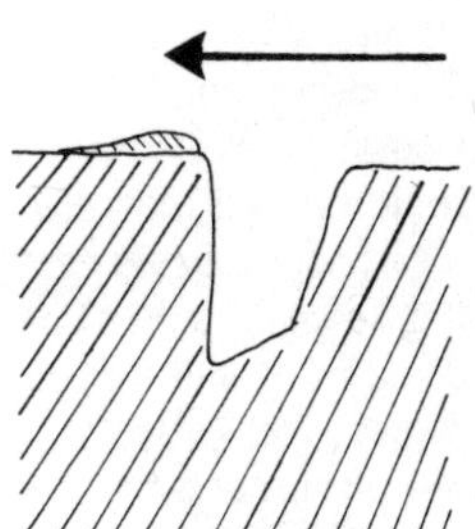

Fig. 6

1

Fig. 3: Hand- und Fußabdruck des Hamsters

Der Hamster *(Cricetus cricetus)* bewohnt die Ebenen Ost- und Mitteleuropas. Das westlichste Verbreitungsgebiet finden wir in den elsässischen Ebenen zwischen Rhein und Vogesen sowie in Nordwestfrankreich. Nagetiere zeigen deutliche Unterschiede zwischen den Vorder- und Hinterpfoten. Ihre unterschiedliche Anatomie findet im Verhalten ihre Entsprechung. Wenn wir die Spur eines Hamsters betrachten, so fällt uns das völlige Fehlen des Daumens auf. Die übrigen Finger sind lang, unabhängig voneinander, gelenkig und mit kräftigen Muskeln versehen. Das Tier kann damit greifen, packen, kneifen, sich festklammern, transportieren, doch das Fehlen eines Daumens, der den Fingern gegenübergestellt werden kann, beschränkt doch die Verwendungsfähigkeit.

Die große Oberfläche der Hinterpfoten erlaubt es den Nagern, sich auf ihnen aufzurichten und damit die Hände frei zu gebrauchen. Die Hinterbeine erlauben auch sehr schnelle kräftige Sprünge.

Fig. 4: Fuß eines Damhirsches

Der vielseitigen Verwendungsmöglichkeit bei den Raubtieren und Nagern ist die extreme Spezialisierung des Huftierfußes direkt entgegengesetzt. Bei dieser Tiergruppe hat sich die Kralle in einen Huf verwandelt, der fast als einziger mit dem Boden in Berührung kommt. Nur zwei Zehen, die unserem Mittelfinger und dem Ringfinger entsprechen, oder gar nur eine Zehe wie beim Pferd – entsprechend unserem Mittelfinger –, treten mit dem letzten Glied auf der Unterlage auf. Wir sprechen von Zehenspitzengängern. Der Fuß kann nicht mehr greifen. Sogar das Wildschwein, das sich als einziges europäisches Huftier einen Unterschlupf herrichtet, verwendet dazu nur den Rüssel und das Maul. Da die Fußabdrücke der Huftiere recht einförmig sind, ist es wichtig, die einzelnen Teile unterscheiden zu können, denn ihre gegenseitigen Größenverhältnisse stellen eine wichtige Bestimmungshilfe dar.

Wir unterscheiden am Fuß eines Huftiers wie des Damhirsches *(Dama dama)* folgende Teile: die Schalenspitzen bilden den vordersten Teil des

Zeichnen, um besser zu beobachten

Um eine Fußspur genau kennenzulernen, zeichnen wir sie am besten, denn beim Zeichnen werden uns Einzelheiten klar, die dem oberflächlichen Betrachter sonst verborgen bleiben.

Zunächst hält man die Umrisse mit ihren Proportionen so genau wie möglich fest. Erst dann widmet man sich den Einzelheiten, etwa den Abdrücken der Krallen und der Ballen. Um das Relief klarer hervortreten zu lassen, kann man Schraffuren und Schattierungen anbringen. Schließlich notiert man immer den Fundort, das Datum und die Fundumstände. Dazu gehören vor allem die Beschaffenheit des Untergrundes und auch die Wetterlage.

Wir lesen Spuren im Schnee

Für das Studium von Raubtierpopulationen ist der Winter die beste Jahreszeit, denn der Schnee verrät ihre Anwesenheit durch zahlreiche Spuren. Die Struktur und die Frische des Schnees spielen bei der Qualität des Abdrucks eine wichtige Rolle. Wenn man eine Zeichnung oder eine Fotografie angefertigt hat, sollte man deswegen immer den Zustand des Schnees, Datum und Stunde des letzten Schneefalles vermerken. Abdrücke im Schnee verändern sich und altern mit der Zeit. Man kann diesen Vorgang leicht selbst studieren, indem man mit den eigenen Fingern oder Füßen künstliche Spuren eindrückt, zum Beispiel auf unterschiedlichen Schneesorten und in verschiedenen Expositionen und Hangneigungen. Aufgrund solcher Experimente gelingt es dann, das Alter von Spuren im Schnee zu schätzen.

Hufes. Im allgemeinen befindet sich die längere Schale auf der Außenseite, und so können wir auch den Fußabdruck des rechten von dem des linken Beines unterscheiden. Die Klauensohle besteht wie der ganze Huf aus Horn, doch ist die Schicht keineswegs so dick, daß das Tier nichts mehr darunter spüren könnte. Die Sohle verbindet die beiden Klauen und zeigt sich im Abdruck als kleine Vertiefung.

Die beiden Schalenspitzen sind durch die Spreizung voneinander geschieden. Ihre Breite hängt vor allem vom Verhalten des Tieres ab. In vollem Lauf öffnen sich die beiden Schalen; im Schritt und im Trab sind die Schalen eines weiblichen Tieres weiter geöffnet als die eines Männchens.

Im Schnee und auf sehr weichem Boden vergrößern die Huftiere die Spreizung so weit wie möglich, um die Tragfähigkeit zu erhöhen. Die Gemse hat eine Membran, welche die Spreizung teilweise überdeckt. Damit kann sie, ohne allzusehr zu ermüden, über schneebedeckte Wiesen laufen. Die Schalen des Steinbocks sind im Gegensatz dazu fast unabhängig voneinander, und jede Schale kann sich den geringsten Unebenheiten des Untergrundes anpassen.

Die Ballen stellen den nicht verhornten Teil des Fußes dar. Sie sind von einer schwieligen Haut bedeckt, die sich im Untergrund schalenförmig abbildet. Die Ballenlänge im Verhältnis zur Gesamtlänge des Fußabdrucks ist eines der wichtigsten Bestimmungsmerkmale der Huftiere. Beim Damhirsch ist das Verhältnis rund 1 : 2.

Die Fußwurzel kann sich bei einem ermüdeten Tier oder bei einer trächtigen Hirschkuh sehr gut in der Spur abdrücken. Bei jungen Tieren hingegen ist sie meist kaum zu erkennen.

Die Afterklauen oder Nebenzehen, die der Jäger Geäfter nennt, sind beim Wildschwein fast immer abgebildet. Bei allen anderen Arten finden wir sie nur, wenn die Tiere sich im Sprung oder Galopp auf verschneitem oder schlammigem Gelände fortbewegen.

Bei der Gemse verbessern die Afterklauen die Tragfähigkeit der Hufe in tiefem Schnee. Beim Steinbock haben sie in abschüssigem Gelände die Funktion von Klammern. Die stärker abgebildete Afterklaue liegt oft an der Außenseite des Fußes.

Fig. 5: Vermessen eines Fußabdrucks
Für die Bestimmung ist es besonders wichtig, daß wir eine Spur genau ausmessen. Das gilt vor allem für die Trittsiegel der Huftiere. Bei ihnen mißt man die Gesamtlänge und die größte Breite des Abdrucks, die Länge der Ballen und eventuell auch die Spreizung, den Abstand der Schalenspitzen.
Bei Säugern mit Pfoten vermißt man die größte Länge und die größte Breite, wobei man aber die Krallen unberücksichtigt läßt (Fig. 2). Die Spuren wechseln ihr Aussehen sehr stark je nach dem Untergrund, zum Beispiel Schnee, Schlamm, Sand, Lehm oder abgefallenes Laub. Die Spurengröße nimmt in trockenem Sand, in Schlamm und in Pulverschnee zu; bei scholliger Ackererde und vereistem Schnee werden die Abdrücke deformiert. Auf schottrigem, kiesigem Gelände und im Tiefschnee kann man sie kaum erkennen und oft überhaupt nicht mehr bestimmen.

Fig. 6: Laufrichtung im Schnee
Auch wenn eine Spur nicht mehr genau zu bestimmen ist, so kann sie uns doch verraten, in welcher Richtung sich das Tier fortbewegt hat. Beim Hochheben des Fußes setzt sich nämlich etwas Schnee oder Schlamm an der Vorderseite des Trittsiegels ab. Auf kiesigem Untergrund stößt das Tier hingegen kleine Steinchen in entgegengesetzter Richtung weg, nach hinten. Auf einer Wiese zeigen die Spitzen der niedergedrückten Pflanzen in Laufrichtung.
Um das Tier richtig bestimmen zu können, bleibt uns nichts anderes übrig, als der Spur zu folgen in der Hoffnung, daß wir weitere Einzelheiten oder besser erhaltene Abdrücke finden.

Die Gangarten

Es gibt die unterschiedlichsten Gründe, die ein Tier zur Fortbewegung veranlassen, und entsprechend verschieden sind auch die Gangarten, die es dabei einschlägt: Schritt, Trab, Galopp und Sprung. Jede dieser Gangarten hat ihre typische Geschwindigkeit, ihre besondere Reichweite und verlangt einen ganz bestimmten Energieaufwand.
In langsamem Mittelschritt geht das Pferd mit 5 Stundenkilometer, in starkem Schritt mit 6 Stundenkilometer, im Arbeitstrab mit 10 Stundenkilometer, in starkem Trab mit 15 Stundenkilometer, in normalem Galopp mit 25 Stundenkilometer. In starkem Galopp erreichen Pferde Spitzengeschwindigkeiten von 60 Stundenkilometer, allerdings nur für kurze Zeit.
Im Schritt geht ein Pferd 10 Stunden lang ohne große Anstrengung. Einen

starken Trab hält es 3 bis 4 Stunden lang durch. Ein schneller Galopp hingegen bringt es schon nach einer halben Stunde an den Rand der Erschöpfung.
Die anatomischen Gegebenheiten, der Gesundheitszustand und die artspezifischen Verhaltensmechanismen bestimmen die Wahl einer Gangart. Wenn ein Wildschwein von Jagdhunden verfolgt wird, versucht es zunächst in starkem Trab zu fliehen. Bleiben ihm die Verfolger auf den Fersen, so geht es sofort in den Galopp über. Es springt, um eine freie Strecke zu überwinden, nähert sich aber in leichtem Trab und geräuschlos, wenn es eine Gefahr wittert. In gleichem Maße wollen der Feldhase und das Reh mit ihren regellosen Sprüngen nicht nur eine hohe Geschwindigkeit erreichen. Diese Art der Fortbewegung hat den Vorteil, daß Räuber die Spur nur noch mit Schwierigkeiten finden und verfolgen können.
Die Anordnung der Abdrücke erlaubt es dem Beobachter, die Gangart in dem betreffenden Abschnitt zu bestimmen. Dafür gibt es einige Anhaltspunkte. Unter einer Spur- oder Trittsiegelreihe verstehen wir die Aufeinanderfolge der einzelnen Fußabdrücke. Wir müssen vor allem darauf achten, welche Stellung die Hinterfüße im Verhältnis zu den Vorderfüßen einnehmen. Je nach Gangart werden sie vor, hinter oder direkt in die Spur der Vorderfüße gesetzt.
Als Schrittlänge bezeichnen wir den Abstand zwischen zwei aufeinanderfolgenden Abdrücken desselben Fußes; sie nimmt natürlich mit der Laufgeschwindigkeit zu.
Die Schritt- oder Spurenbreite oder Schränkung ist der Abstand zwischen den Parallelen, die durch den Außenrand der Fußabdrücke der linken und rechten Körperseite laufen. Die Schränkung verhält sich umgekehrt proportional zur Geschwindigkeit des Tieres. Nimmt diese zu, so verringert sich mithin die Spurbreite.

Ein Hund an der Leine

Um die Gangarten und ihre Abdrücke genau kennenzulernen, empfiehlt sich ein Training mit dem Hund. Man geht mit ihm im Schnee oder auf einem feuchten Sandstrand spazieren, damit sich die Spuren besonders gut abdrücken. Wir halten ihn an der Leine und üben mit ihm die drei Gangarten Schritt, Trab, Galopp sowie den Sprung. Damit wissen wir genau, welcher Gangart die Abdrücke zuzuordnen sind. Wir machen uns Notizen und fertigen uns Zeichnungen auf kariertem Papier ab.

Tafel 2: Die Gangarten

Fig. 1: Fuchs im Schritt
Das Tier hebt die Pfoten nacheinander: rechter Vorderfuß, linker Hinterfuß, linker Vorderfuß, rechter Hinterfuß. Der Fuchs setzt den Hinterfuß knapp vor das vordere Trittsiegel oder direkt so, daß sich die beiden Siegel überdecken (schnüren). In diesem Fall entspricht die Schrittlänge dem Abstand zwischen zwei Trittsiegeln der gleichen Körperseite.
Der Dachs fällt bei langsamer Fortbewegung gerne in den Paßgang: die Vorder- und die Hinterbeine der gleichen Seite werden ungefähr gleichzeitig bewegt. Das ergibt einen schaukelnden Gang, der uns vom Kamel wohlbekannt ist.
Die Spur eines Tieres, das im Schritt geht, ist durch eine regelmäßige Verteilung der Trittsiegel charakterisiert. Sie wechseln sich ab, einmal links, einmal rechts. Die Schrittlänge ist gering, dafür ist die Schrittbreite groß. Tiere im Schritt hinterlassen im Schnee oder Schlamm deutliche, gut ausgebildete Spuren.

Fig 2: Pferd im Trab
Das rechte Vorderbein und das linke Hinterbein, das linke Vorderbein und das rechte Hinterbein werden miteinander bewegt, heben sich gleichzeitig und werden zur gleichen Zeit aufgesetzt. Zwischen aufeinanderfolgenden Bewegungsphasen berührt das Tier den Boden nicht.
Die Spur eines trabenden Pferdes ähnelt sehr dem Schritt, nur die Spurlänge ist größer.

Fig. 3: Pferd im Galopp
Die Zeichnung zeigt den Rechtsgalopp; der Linksgalopp ist spiegelbildlich. Die Hinterbeine sind abgehoben, ebenso das linke Vorderbein. Während eines kurzen Augenblicks ruht das Gewicht des Pferdes nur auf dem rechten Vorderbein. Dann folgt sogleich eine Phase, in der das Tier den Boden nicht mehr berührt. Dann stützt es sich auf das linke Hinterbein, sodann auf das linke Vorderbein und das rechte Hinterbein, und das rechte Vorderbein greift weit vor. Die Spur eines galoppierenden Pferdes zeigt eine rhythmische Verteilung der vier Trittsiegel. Auf die beiden Abdrücke der Hinterbeine folgen die beiden Abdrücke der Vorderbeine.

Fig. 4: Feldhase beim Sprung
Das Tier stößt sich mit den Hinterbeinen ab und fußt mit den Vorderbeinen auf. Dann greifen die Hinterbeine weit nach vorn, rechts und links an den Vorderbeinen vorbei und über diese hinaus. Dann heben sich die Vorderbeine vom Boden ab, während die Hinterbeine wiederum den Antrieb übernehmen.

Fig. 5: Hermelin beim Sprung
Viele kleinere Säuger bewegen sich fast nur im Sprung fort. Bei solchen Tieren liegen die Abdrücke der Hinterbeine und die der Vorderbeine genau übereinander, und die Sprungfolge scheint nur aus zwei Abdrücken zu bestehen.

Fig. 6: Damhirsch beim Sprung
In der Brunftzeit und bei schneller Fortbewegung über kurze Strecken hinweg springt der Damhirsch gerne. Er stößt sich mit den kräftigen Hinterbeinen ab und setzt mit den Vorderbeinen auf.

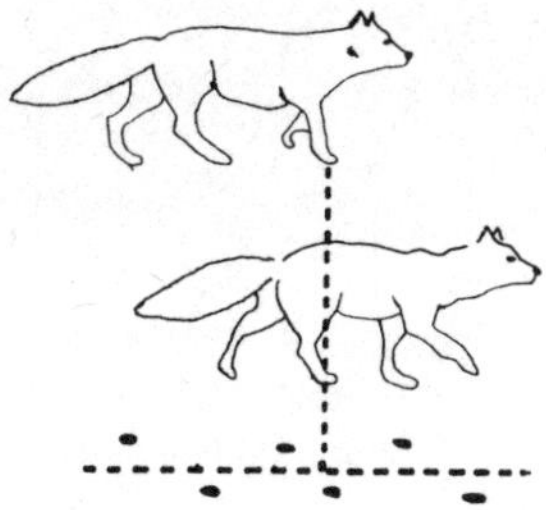
Fig. 1

Fig. 2

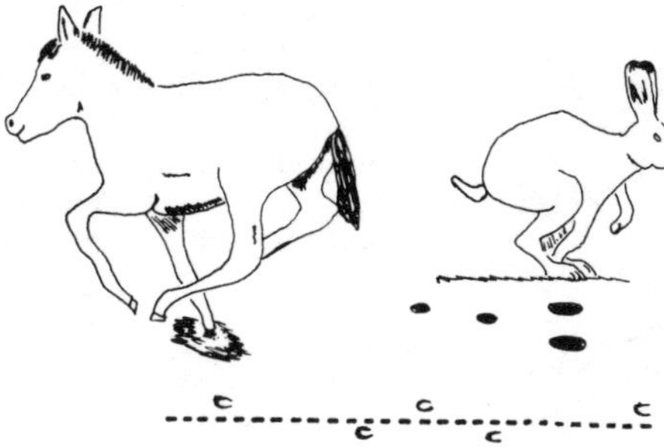
Fig. 3

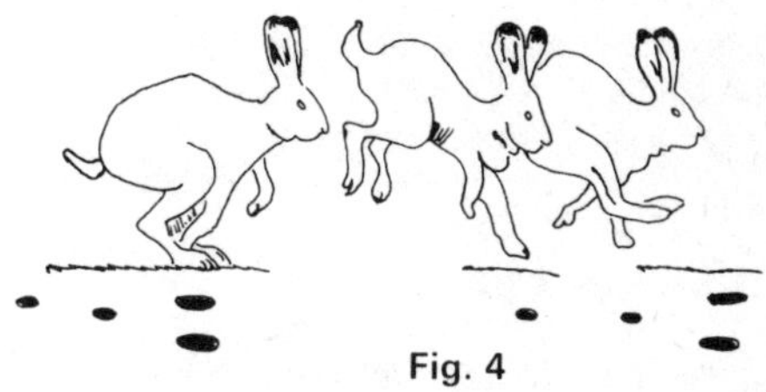
Fig. 4

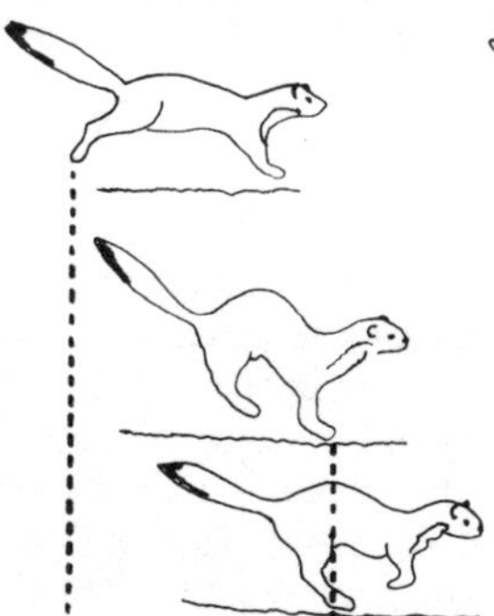
Fig. 5

2

Fig. 6

Tafel 3: Bestimmung der Gangarten im Feld

Fig. 1: Gangarten des Hirsches
Spuren der Hinterbeine kleiner gezeichnet als die der Vorderbeine.
a. Ruhiger Schritt: Schalenspitzen genähert. Hufachse geneigt im Vergleich zur Fortbewegungsrichtung, Schrittlänge 53 cm, Schrittbreite 33 cm.
b. Ruhiger Trab: Die Spurlänge wird größer, die Hinterbeine werden knapp vor die Abdrücke der Vorderbeine gesetzt, Schrittbreite abnehmend (19 cm). Hufachsen weitgehend parallel zur Laufrichtung.
c. Schneller Trab: Weiterhin zunehmende Schrittlänge (80 cm), starke Spreizung, Hufe parallel zur Laufrichtung, nahe der Mittellinie gelegen. Die Spuren der Hinterbeine liegen vor den Abdrücken der Vorderbeine.

Fig. 2: Wildschwein im Trab
Der Trab ist häufig bei Wildschweinen. Abdruck der Hinterbeine bedeckt den hinteren Teil der vorderen Trittsiegel. Schrittlänge 46 cm.

Fig. 3: Galopp der Hirschkuh
Abstand zwischen zwei Spurengruppen ungefähr 90 cm.

Fig. 4: Gemse beim Sprung im Tiefschnee
Es sind auch die Afterklauen zu sehen. Schrittlänge 1,70 m.

Fig. 5: Spuren des Fuchses
a. Trab auf dem Sand: Auf festem Untergrund hält der Fuchs seinen Körper schräg zur Laufrichtung. Die gestrichelte Linie markiert eine Veränderung dieser Laufhaltung.
b. Auf Schnee hält der Fuchs den Körper gerade und setzt die Hinterfüße in die Abdrücke der Vorderfüße.
c. In langsamem Galopp hinterläßt der Fuchs zwei nahe beieinanderliegende und zwei isolierte Abdrücke.
d. In schnellem Galopp ist jeder Fuß deutlich markiert; Spuren der Hinterfüße liegen vor denen der Vorderfüße.

Fig. 6: Galopp eines Steinmarders
Der Rechtsgalopp beansprucht stärker das rechte Vorderbein und das linke Hinterbein. Deswegen wechselt das Tier regelmäßig mit dem Linksgalopp ab, auf verschneitem Untergrund alle 18 bis 25 m.

Die Spurensammlung

Die folgenden Seiten enthalten die Abdrücke der häufigsten Säugetiere Europas wie einiger weitverbreiteter Vögel. Die Spuren der Kleinsäuger wurden nicht systematisch erfaßt; im Feld ist es selbst unter günstigsten Bedingungen nicht möglich, nahe verwandte Arten anhand ihrer Spuren auseinanderzuhalten. Die Spuren der Haustiere findet der Leser zusammen mit denen der nächstverwandten Wildtiere, dies um so mehr, als Haustiere, Wildtiere und Menschen oft dieselben Pfade und Wechsel benutzen. So trifft man oft wilde Huftiere zusammen mit Weidevieh an.
Die Zeichnungen im folgenden Bestimmungsteil entsprechen gut markierten Abdrücken auf lehmigem Boden; das Tier bewegt sich im Schritt. Gestrichelte Flächen sind nur selten zu sehen.

Fig. 1

Fig. 2

Fig. 3

Fig. 4

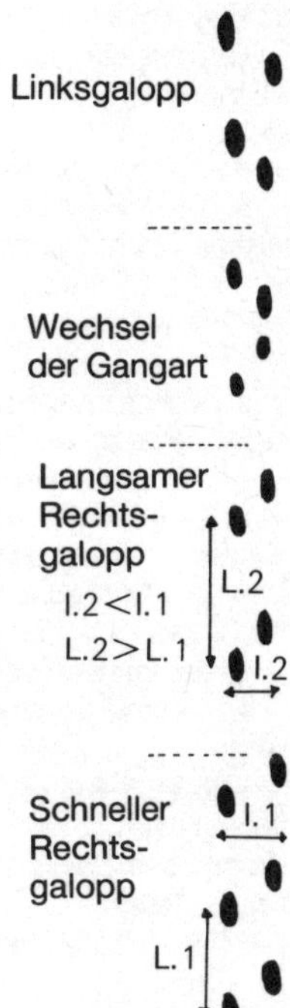

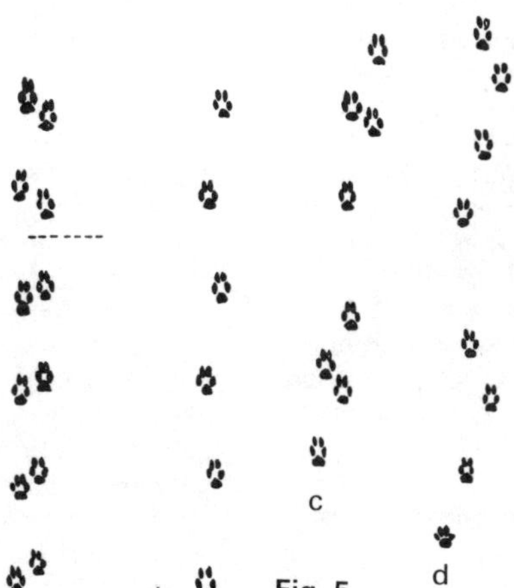

Fig. 5

Fig. 6

3

Tafel 4: Fußabdrücke von Raubtieren

Fig. 1: Fuchs
Vorderfußspur 5 cm lang, 4 cm breit; Hinterfußspur etwas kürzer; Gewicht 4-10 kg.
Der Fußabdruck des Fuchses *(Vulpes vulpes)* ist fast symmetrisch. Die scharfen Krallen bilden sich vor den Ballen ab. Im Winter wachsen dazwischen viele Haare, die den Abdruck größer und in den Umrissen verschwommener erscheinen lassen.
Der Fuchs geht normalerweise in langsamem Trab. Die Schrittlänge beträgt dabei 50-70 cm (im Schritt 30-35 cm) bei einer Spurbreite von 5-6 cm. Er springt bis 3 m weit, klettert aber schlecht. Die Spurbahn verläuft gradlinig, zeigt aber häufig Abstecher.
Verbreitung: Mit Ausnahme Islands, Spitzbergens, der friesischen Inseln und Kretas in ganz Europa verbreitet, von der Meereshöhe bis in mittlere Höhen, 2500 m in den Alpen, 2000 m in den Pyrenäen. Bevorzugt abwechslungsreiches Gelände, Laubwald und Brachland. Der Fuchs lebt auch in Stadtnähe und geht in Dörfern jagen. Fortpflanzung im Januar und Februar: zahlreiche Spuren im Schnee, Markierung des Territoriums. Haarwechsel und Wurf der Jungen im März bis April (Haare am Eingang zum Bau). Die Jungtiere kommen zum erstenmal im Alter von fünf Wochen ins Freie (kleine Spuren in der Nähe des Eingangs, überall frische Nahrungsreste). Von Juli an gehen sie mit der Mutter auf Jagd und werden im Herbst selbständig.

Fig. 2: Hund
Die Größe der Fußabdrücke schwankt je nach Rasse. Die Spuren des Wolfes, des Stammvaters aller Hunde, haben folgende Maße: Vorderfußspur 8 cm lang, 10 cm breit; Hinterfußspur 11 cm lang, 7 cm breit. Die Krallen des Hundes sind im allgemeinen abgenutzt und hinterlassen einen abgerundeten Abdruck. Die Spuren des Wolfes und gewisser großer Hunderassen sind nicht voneinander zu unterscheiden. Hunde- und Fuchsspuren sind hingegen leicht auseinanderzuhalten anhand der Ballen: zieht man eine Gerade, die den Vorderrand der Außenballen berührt, so schneidet sie beim Hund die Ballen der Mittelzehen, beim Fuchs hingegen nicht.

Fig. 3: Wildkatze
Vorder- und Hinterfußspur 4 cm lang, 3,5 cm breit; Gewicht 4-8 kg.
Der Abdruck hat eine charakteristisch runde Form ohne eine Spur der Krallen. Spuren großer Hauskatzen kann man durchaus mit denen junger oder weiblicher Wildkatzen *(Felis sylvestris)* verwechseln, also keine voreiligen Schlüsse! Die Spurbahn der Wildkatze erinnert sehr an den Fuchs. Schrittlänge beim Schritt 25-30 cm, beim Trab 35-40 cm.
Verbreitung: Einst Mitteleuropa, Südeuropa, Südosteuropa und Iberische Halbinsel, hält sich aber nur noch in menschenfernen Gebieten und ist in industrialisierten Gegenden völlig verschwunden, Kulturflüchter. Überwiegend in Laubwäldern, doch auch in buschigen oder offenen trockenen Lebensräumen und sogar in Sumpfgebieten. Klettert nicht sehr gut, benutzt Bäume nur zur Flucht oder zum Sonnenbaden. Brunft von Mitte Januar bis März. Die Männchen sind

Fig. 1

Fig. 2

Fig. 3

Fig. 4

Fig. 5

Fig. 6

Fig. 7

Fig. 8

2 cm

Fig. 9

2 cm

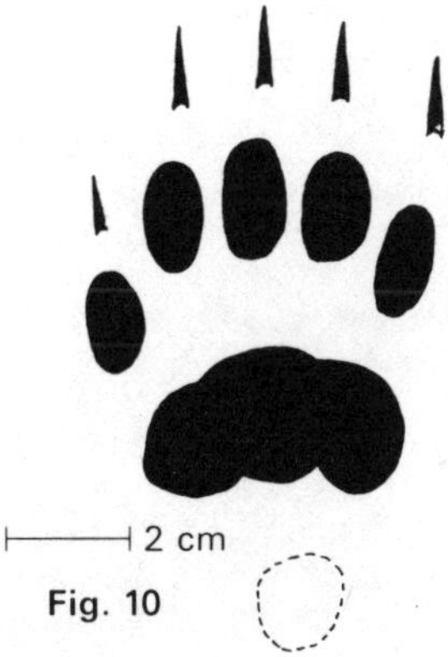

Fig. 10

4

dann viel unterwegs, um ihr Territorium zu überwachen (lange geradlinige Spurbahnen, Geruchsmarkierungen, Bäume mit Krallenspuren).

Fig. 4: Ginsterkatze
Vorderfußspur 3 cm lang, 2,5 cm breit; Hinterfußspur 3 cm lang, 3 cm breit; Schrittlänge 35 cm.
Die Ginsterkatze *(Genetta genetta)* geht auf fünf Zehen, doch bleibt vom Daumen nur auf weichem Boden ein Abdruck. Die Krallen können teilweise zurückgezogen werden und hinterlassen keine Spuren – ein charakteristisches Unterscheidungsmerkmal im Vergleich zu den ungefähr gleich großen Marder- und Wieselarten. Spurbahn ähnlich wie bei der Wildkatze, doch hinterläßt der lange Schwanz im Schnee eine deutliche Schleifspur.
Verbreitung: Hauptsächlich auf der Iberischen Halbinsel und in Südostfrankreich. Die Art breitet sich zur Zeit nach Osten und Norden aus, und es wurden schon Funde in den Benelux-Ländern, in der Bundesrepublik Deutschland und in der Schweiz gemeldet. Lebt in Buschgebieten, Ginsterheiden und schlecht gepflegten Wäldern. Jagt auf dem Boden und auf Sträuchern, Einzelgänger, meidet menschliche Siedlungen. Legt vom Schlafbaum aus große Kothaufen an.

Fig. 5-9: Abdrücke und Spurbahnen kleiner Marder- und Wieselarten
Diese Tiere tragen an den Pfoten spitze Krallen, die auf den Abdrücken stets zu sehen sind. Sie laufen auf fünf Zehen, doch der Daumenabdruck mit Kralle ist nur auf weichem Boden zu sehen. Die wichtigsten Fortbewegungsweisen sind der Schritt und vor allem der Sprung, wobei die Hinterbeine in die Abdrücke der Vorderbeine treten.

Fig. 5: Steinmarder
Vorderfußspur 3,5 cm lang, 3 cm breit; Hinterfußspur 4 cm lang, 3 cm breit; Schrittlänge ca. 50 cm; Sprunglänge 1-1,5 m; Gewicht 1-2 kg.
Verbreitung: Der Steinmarder *(Martes foina)* ist in ganz Europa mit Ausnahme Skandinaviens, Großbritanniens, der Balearen, Korsikas, Sardiniens und Siziliens verbreitet. Lebt in felsigem Gelände und vor allem in der Nähe des Menschen (Kulturfolger). Hält sich in Gemüsegärten, Scheunen, Ställen und verlassenen Häusern auf, klettert gut und kann sich durch ein Loch mit 8 cm Durchmesser schlängeln. Jagt auf dem Land im offenen Gelände, im Dorf hingegen auf Dächern und Mauern. Legt an einem Abend 10 km zurück. Ein deutliches Zeichen für das Vorhandensein des Steinmarders sind die Kothaufen in der Nähe von Häusern.

Fig. 6: Baummarder
Vorderfußspur 4 cm lang, 3,5 cm breit; Hinterfußspur 4,5 cm lang, 4 cm breit; Schrittlänge ca. 50 cm; Sprunglänge 1-1,50 m. Im Sommer zeigen der Baum- oder Edelmarder und der Steinmarder sehr ähnliche Fußabdrücke. Im Winter verwischen die reichlichen Haare der Fußfläche beim Baummarder *(Martes martes)* das innere Relief des Abdrucks.
Verbreitung: Bewohnt in begrenzten Populationen große Waldgebiete, ganz Europa mit Ausnahme Griechenlands und des größten Teils der Iberischen Halbinsel. Steigt in den Alpen bis 2400 m, in den Pyrenäen bis 2000 m. Meidet den Menschen (Kulturflüchter) und bewohnt Nadel- und Mischwälder. Läuft im allgemeinen auf dem Boden, klettert gelegentlich auf einen Baum und legt in einer Nacht auf der Jagd bis zu 20 km zurück.

Fig. 7: Hermelin
Vorderfußspur 2 cm lang, 1,5 cm breit; Hinterfußspur 2,5 cm lang, 1,7 cm breit; Schrittlänge ca. 20 cm; Sprunglänge 30-70 cm; Gewicht 150-350 g.
Verbreitung: Das Hermelin *(Mustela herminea)* kommt in ganz Europa vor mit Ausnahme der Halbinseln und der Mittelmeerinseln. Es jagt tagsüber und nachts, in halboffenem Gelände wie Parks, Rodungen, Teichufern und Müllplätzen. Bewegt sich im Sprung fort. Hat eigene Wechsel, verwendet aber auch die Gänge von Feldmäusen und Maulwürfen und kann sich durch ein Loch mit 4 cm Durchmesser schlängeln. Im Winter werden die Pfade oft von kleinen Gängen unterbrochen, die das Tier unter dem Schnee gräbt.

Fig. 8: Mauswiesel
Vorderfußspur 1,2 cm lang, 0,8 cm breit; Hinterfußspur 1,4 cm lang, 1 cm breit; Schrittlänge 15-20 cm; Sprunglänge 20-40 cm; Gewicht 80-160 g.
Verbreitung: Das Mauswiesel *(Mustela nivalis)* kommt mit Ausnahme Irlands in ganz Europa vor. Es bewohnt Feldraine, Gebüsche, Gärten und Waldungen. Selten auf dem Boden zu sehen, weil es sich meistens in den Gängen kleiner Nager bewegt; dazu reicht ihm ein Loch von 3 cm Durchmesser. Oft in der Nähe von Siedlungen zu sehen. Häuft die Überreste seiner Beutetiere im Unterschlupf an.

Fig. 9: Iltis
Vorderfußspur 3 cm lang, 2 cm breit; Hinterfußspur 2,5 cm lang, 2 cm breit; Schrittlänge ca. 30 cm; Sprunglänge 40 cm bis 1 m; Gewicht 1-1,5 kg.
Verbreitung: Mit Ausnahme der Mittelmeerinseln, Griechenlands, Irlands und Nordskandinaviens in ganz Europa verbreitet. Der Iltis *(Mustela putorius)* liebt feuchte Lebensräume mit buschiger Vegetation. Nachtaktiv, ziemlich oft in der Nähe von Häusern. Einzelgänger, nur das Weibchen ist von Mai bis November mit Jungen zu sehen. Gräbt gelegentlich, um ein Gitter zu überwinden oder um einen kurzen Bau anzulegen. Sammelt gelegentlich in seinem Unterschlupf oder in natürlichen Höhlungen Vorräte von Nagetieren oder Fröschen an.

Fig. 10: Dachs
Vorderfußspur 5-6 cm lang, 5 cm breit, vollständiger Abdruck 8 cm lang, 5 cm breit; Hinterfußspur 4-5 cm lang, 4 cm breit, vollständiger Abdruck 7 cm lang, 4 cm breit; Gewicht 6-15 kg. Typische Spur mit stets sichtbaren langen Krallen. Im Schritt setzt der Dachs *(Meles meles)* den Hinterfuß gerade in oder knapp vor den Abdruck des Vorderfußes. Schrittbreite 18-20 cm, Schrittlänge um 50 cm. Im Trab setzt der Dachs den Hinterfuß vor den Abdruck des Vorderfußes, und die Schrittlänge erreicht 80 cm.
Verbreitung: Mit Ausnahme der Mittelmeerinseln und Nordskandinaviens ganz Europa. Liebt Wälder und gehölzreiche Gebiete. Überwintert nicht, verläßt aber nur selten seinen Bau und geht dann meistens zum Wasser. Der Dachs ist ein Nachttier und draußen ein Einzelgänger, obwohl er ein sehr reiches Sozialleben mit vielen Spielen und Besuchen benachbarter Baue hat. Hinterläßt bei der Nahrungssuche viele Spuren: Löcher beim Ausgraben von Wurzeln, von Wespennestern oder kleinen Nagetieren, oberflächliche Kratzspuren auf dem Boden auf der Suche nach Insekten, Regenwürmern und Schnecken, niedergedrückte Getreidehalme, abgerissene Weintrauben usw. Die Jungen kommen im Februar zur Welt und verlassen den Bau erstmals im Mai.

Tafel 5:
Spuren von Nagern, Hasentieren und Insektenfressern

Fig. 1: Feldmaus
Die Wühlmäuse (Feldmaus, Schermaus) und die Langschwanzmäuse (Waldmaus, Hausmaus, Ratten) zeigen alle den gleichen Fußabdruck. Nur dessen Größe schwankt je nach Art. Die Vorderfußspur (a) zeigt vier gespreizte Finger und bleibt bisweilen auf den Abdruck der spitzen Krallen beschränkt. Die Hinterfußspur (b) ist größer und zeigt fünf besser abgebildete Zehen. Feldmäuse bewegen sich meistens im Schritt, Langschwanzmäuse im Sprung, besonders auf Schnee.
Verbreitung: Es ist meistens unmöglich, die einzelnen kleinen Nagetierarten nur anhand ihrer Spuren zu unterscheiden. Der einfachste und sicherste Nachweis darüber, welche Arten in einem bestimmten Gebiet vorkommen, gelingt mit den Schädeln, die im Gewölle von Raubvögeln, besonders der Schleiereule, enthalten sind. Sie lassen sich genau auf die Art bestimmen.

Fig. 2: Eichhörnchen
Vorderfußspur (a) 3 cm lang, 2 cm breit; Hinterfußspur (b) 4 cm lang, 3 cm breit; Sprunglänge 20-50 cm; Gewicht 300-500 g. Die sehr langen Krallen sind deutlich abgebildet. Auf dem Boden bewegt sich das Eichhörnchen *(Sciurus vulgaris)* mit Sprüngen, und die Abdrücke bilden ein Trapez mit einer 10 cm breiten Basis.
Verbreitung: Mit Ausnahme der Mittelmeerinseln über ganz Europa verbreitet, doch in zahlenmäßig sehr unterschiedlichen Populationen. Das Eichhörnchen bleibt seinem Territorium treu, wenn es nicht gestört wird. Deswegen kann man seine Gewohnheiten anhand der Spuren leicht studieren. Es frißt gelegentlich Eier und Fleisch (Nestlinge, Insekten, deren Reste in der Losung zu finden sind). Für den Winter legt es Nahrungsvorräte an.

Fig. 3: Murmeltier
Vorderfußspur 6 cm lang, 4 cm breit; Hinterfußspur 7 cm lang, 5 cm breit; Schrittlänge 20-40 cm; Schrittbreite 10 cm. Krallen lang, gerundet und gekrümmt. Trotz seines gedrungenen Äußeren erklettert das Murmeltier steile Wände, macht bis 1 m weite Sprünge und galoppiert geschickt, wobei es mit den Hinterbeinen über die Vorderbeine hinausgreift.
Verbreitung: Das Murmeltier *(Marmota marmota)* bewohnte ursprünglich nur die Alpen und wurde in die Pyrenäen und Karpaten eingeführt. Es lebt auf alpinen Rasen zwischen 1400 und 2700 m. Im Sommer legt es Vorräte trockener Pflanzen an, die es für die Überwinterung im Bau braucht.

Fig. 4: Bisamratte
Vorderfußspur (a) 3,5 cm lang, 2,5 cm breit; Hinterfußspur (b) 7 cm lang, 3,5 cm breit; Gewicht 0,8-1,5 kg.
Zwischen den Zehen des Hinterfußes ist eine Schwimmhaut zu erkennen, die Krallen sind deutlich; an den Vorderbeinen sind nur vier Finger klar ausgeprägt.
Verbreitung: Die Bisamratte *(Ondatra zibethicus)* ist in Nordamerika behei-

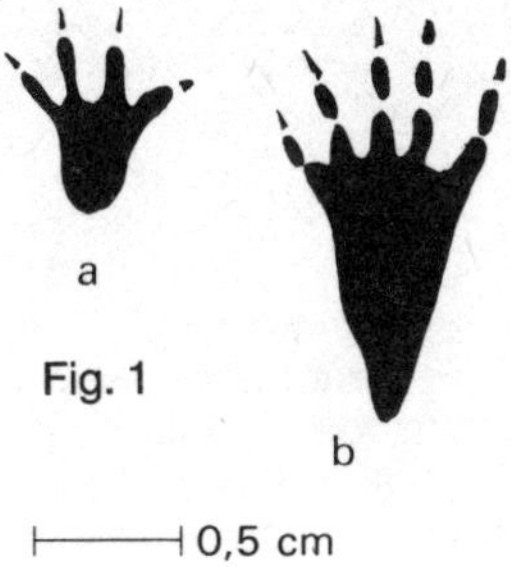

Fig. 1

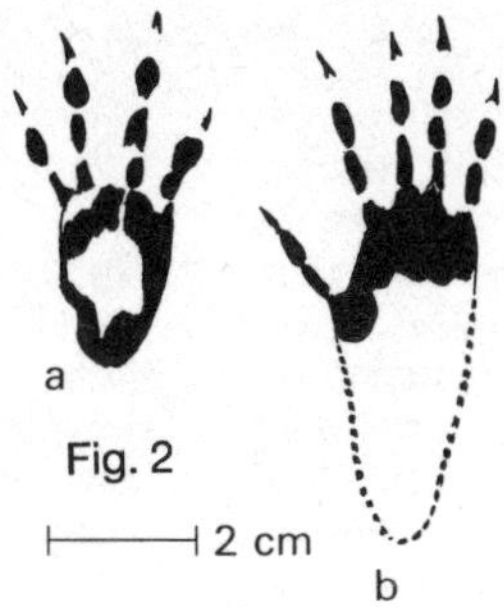

Fig. 2

Fig. 3

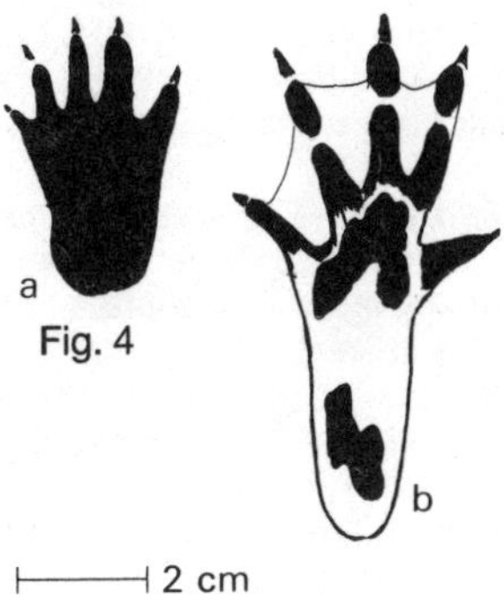

Fig. 4

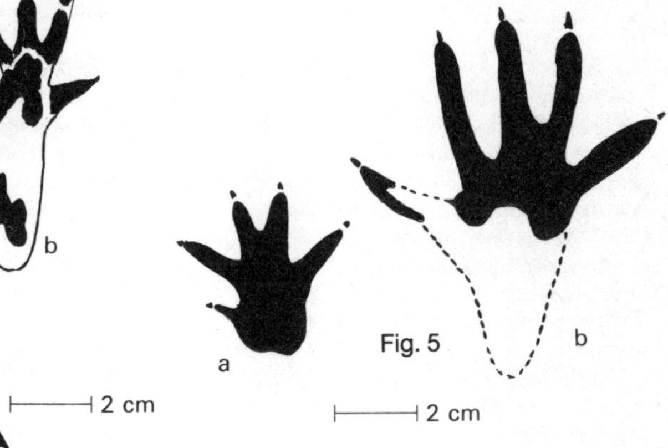

Fig. 5

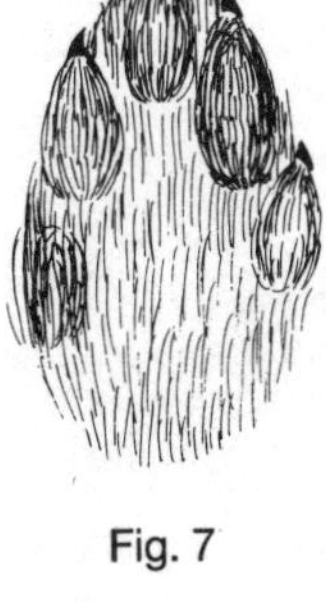
Fig. 7

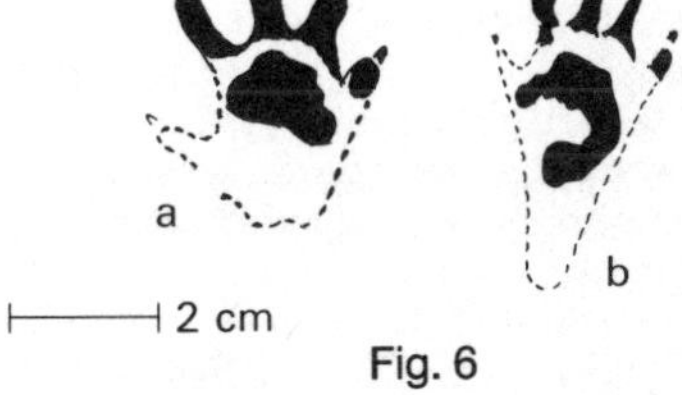

Fig. 6

5

matet und wurde wegen ihres Felles nach Europa eingeführt. Seit 1930 hat sie sich über viele Seen, Teiche und Flüsse ausgebreitet und ist in gewissen Gebieten, zum Beispiel Bayern, so häufig geworden, daß sie als Schädling gilt und verfolgt wird. Überwiegend nächtliches Wassertier, das aber auch tagsüber zu sehen ist. Baut sich an ungestörten Stellen eine Burg aus Binsen oder Schilf, gräbt sich aber meistens an Gewässerufern tiefe Baue und richtet dabei erheblichen Schaden an. Plündert oft die Äcker und Felder in der Nähe seines Territoriums. Man findet bisweilen geknackte Süßwassermuscheln an den Stellen, wo es sich ernährt.

Fig. 5: Nutria

Vorderfußspur (a) 5-6 cm lang, 4-5 cm breit; Hinterfußspur (b) 10-12 cm lang, 6-7 cm breit; Gewicht 6-7 kg.

Der Daumen des Vorderfußes ist selten abgebildet, der des Hinterfußes ist frei und unabhängig von den Schwimmhäuten, auf hartem Boden aber ebensowenig zu sehen.

Verbreitung: Die Nutria *(Myocastor coypus)*, die auch Biberratte oder Sumpfbiber heißt, wurde wegen ihres Pelzes 1926 nach Europa eingeführt. Sie hält kalte Winter bei uns nur sehr schlecht aus und bildet nur verstreute lokale Populationen. Im Gegensatz zur Bisamratte hält sich die Nutria stets in unmittelbarer Nähe zum Wasser auf.

Die drei zuletzt genannten Tierarten, Biber, Bisamratte und Nutria, lassen sich auch anhand der Schwanzspur unterscheiden.

Der Schwanz der Bisamratte ist seitlich zusammengedrückt und hinterläßt eine feine, wenig deutliche Furche. Der Schwanz der Nutria ist schwerer und im Querschnitt rund und hinterläßt eine 2 cm breite gewellte Furche. Der flache Schwanz des Bibers löscht auf einer Breite von 15 cm oft alle Fußspuren aus.

Fig. 6: Igel

Vorderfußspur (a) 2 cm lang, 2 cm breit; Hinterfußspur (b) 3 cm lang, 2 cm breit; Schrittlänge 10-15 cm.

Der Igel hat fünf gut entwickelte Zehen mit deutlichen Klauen, doch bilden sich die Daumen meist nicht ab. Je schneller er läuft, um so eher geht er auf den Fußspitzen, so daß sich die Fußwurzel nicht mehr abbildet. Die Abdrücke stehen nahe beeinander, die Spurbreite ist mit 8 cm im Vergleich zur Körpergröße bedeutend.

Verbreitung: Der Igel *(Erinaceus europaeus)* lebt als Einzelgänger vor allem in Park- und Gartenlandschaften und kommt mit Ausnahme des Nordens in ganz Europa vor. Er meidet sehr feuchte Gebiete, Nadelwälder und Wälder ohne Unterholz. Er versteckt sich in Felsspalten, Laub- und Heuhaufen, in Kaninchenbauen oder in irgendwelchen anderen Hohlräumen. Das Jagdterritorium erstreckt sich im Höchstfall im Umkreis von 500 m um das Nest. Bei der Jagd besucht er regelmäßig die gleichen Stellen, durchwühlt den Boden mit seinen Füßen und dreht Steine mit der Schnauze um.

Fig. 7: Feldhase

Vorderfußspur 4 cm lang, 3 cm breit; Hinterfußspur 5 cm lang, 3,5 cm breit; Sprunglänge 1-2 m; Gewicht 2,5-4,5 kg.

Im Vergleich zum Wildkaninchen sind die Abdrücke des Feldhasen deutlich größer. Eine Spurengruppe ist von der nächsten 16-20 cm entfernt, beim

Wildkaninchen sind es 10-12 cm. Man kann die Spur eines Hasen oder eines Kaninchens mit der eines kleinen Marders verwechseln, der sich im Sprung fortbewegt, wenn man die vorne spitz zulaufenden Abdrücke des Hasen und des Kaninchens und die Regelmäßigkeit ihrer Spurbahnen nicht beachtet. Die Vorderfußspuren sind stets in Laufrichtung ausgerichtet.

Verbreitung: Der Feldhase *(Lepus capensis)* lebt in offenen flachen Gebieten mit Hecken und Gehölzen. Der Feldhase hat ein eigenes Territorium, dem er treu bleibt. Mit Ausnahme des nördlichen Skandinaviens kommt er in ganz Europa vor.

Fig. 8: Wildkaninchen

Vorderfußspur 3 cm lang, 2 cm breit; Hinterfußspur 4 cm lang, 2,5 cm breit; Gewicht 0,8-1,5 kg.

Das Kaninchen und der Hase haben keine Ballen an den Füßen, sondern nur steife Haare. Krallenabdrücke sind vorhanden, fallen aber nicht auf. Jede einzelne Spurbahn besteht aus vier Abdrücken, die in der Länge 20-30, in der Breite ungefähr 10 cm voneinander entfernt sind. Das Kaninchen kann bis 1,5 m weit springen.

Verbreitung: Das Wildkaninchen *(Oryctolagus cuniculus)* liebt sandige Böden, wo es weitverzweigte Höhlensysteme gräbt. Die Gesellschaft besteht aus dominanten Männchen und mehreren Weibchen und Jungtieren. Die Familien markieren die Grenzen ihres Territoriums mit Kothaufen.

Fig. 9: Biber

Vorderfußspur (a) 4 cm lang, 5 cm breit; Hinterfußspur (b) 13 cm lang, 10 cm breit; Gewicht 20-30 kg.

Die fünf Zehen der Hinterfüße sind beim Biber *(Castor fiber)* mit einer Schwimmhaut verbunden, die im Abdruck deutlich zu erkennen ist.

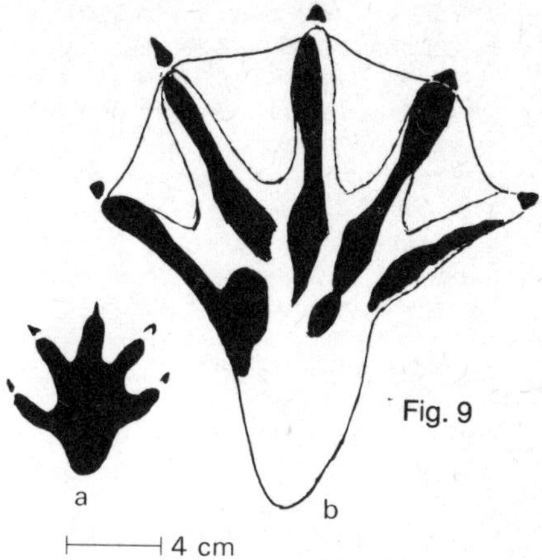

Fig. 9

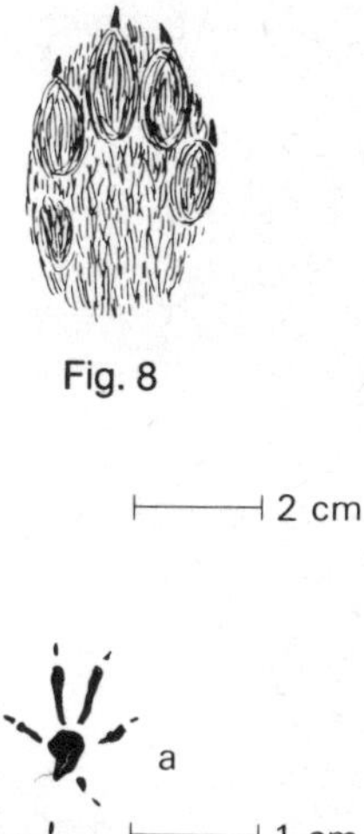

Fig. 8

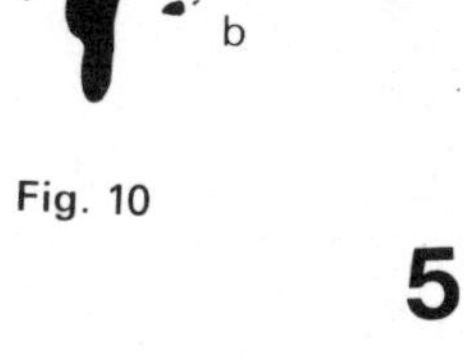

Fig. 10

Verbreitung: Abgesehen von Restpopulationen der Camargue und Skandinaviens wurde der Biber an fast allen Stellen seines heutigen Vorkommens wieder eingeführt. Das Rhonebecken beherbergt heute die größte europäische Biberpopulation. Der europäische Biber baut nicht so viele Wehre und Burgen wie sein amerikanischer Verwandter. Im allgemeinen hält er sich familienweise in Erdbauen auf. Wenn er ungestört ist, baut er sich allerdings Burgen.
Ob ein Fluß von Bibern bewohnt wird, erkennt man leicht an der eigentümlichen Ufervegetation: die Stämme der gefällten Bäume lassen neue Triebe schießen und bilden ein strauchiges Dickicht zwischen dem Ufer und dem dahintergelegenen Wald, der vielen anderen Arten als Lebensraum dient.

Fig. 10: Spitzmaus
Die Fußspuren der Spitzmäuse *(Sorex, Crocidura, Suncus, Neomys)* unterscheiden sich von denen der Kleinnager durch die fünf langen schlanken Zehen mit den langen Krallen, sowohl der Vorderbeine (a) wie der Hinterbeine (b). Spitzmäuse gehen im Trab oder im Sprung. Der Schwanz, der bei einigen Arten sehr lang ist, hinterläßt auf Schlamm, Lehm oder Schnee eine feine Furche.
Verbreitung: Die meisten europäischen Arten suchen im Laub nach wirbellosen Tieren. Die kräftige Nackenmuskulatur erlaubt es ihnen, Steine umzudrehen, die so schwer sind wie sie selbst. Die Wasserspitzmaus lebt an Gewässerufern und ernährt sich von Wasserinsekten, Kaulquappen und Fischbrut. Die Spitzmäuse fallen nicht in einen Winterschlaf.

Spuren von Huftieren

In der folgenden Tabelle werden Durchschnittsmaße angegeben. Die Größe eines Trittsiegels schwankt je nach Alter und Geschlecht, auch nach lokalen Rassen. Besonders deutlich wird das beim Hirsch, der in Schottland 90-150, in Deutschland 160-220 und im Osten bis über 300 kg wiegt.

		Schrittlänge in cm	Schrittbreite in cm
Hirsch	Hirschkalb	30	10
(Westeuropa)	Hirschkuh	45	15-40
	Hirsch	50-80	25-40

Der Hirsch kann bis zu 2,50 m hoch und 8 m weit springen.

Damhirsch	Kalb	30	10
	Erwachsenes Weibchen	35	12
	Erwachsenes Männchen	50-80	20-25

Springt gerne, zeigt dann sägezahnartig angeordnete Trittsiegel

Reh	Rehkitz	20-25	6
	Ricke	30-40	8-12
	Bock	35-40	12-16

Springt bis 2 m hoch und 5-6 m weit und schlägt zahlreiche Haken. In schnellem Trab überschreitet die Schrittlänge 1 m.

Wildschwein	Frischling	20-25	6-8
	Dreijährige Bache (80-100 kg)	30-40	20

Schwimmt hervorragend und kann mehrere Kilometer breite Seen überqueren.

Mufflon	Erwachsen	30-35	15-20
Gemse	Erwachsen	30-40	8-12
Steinbock	Erwachsen	40-50	18-25

Für diese Gebirgstiere stellen die Zahlen nur Näherungswerte dar, denn sie variieren stark mit der Hangneigung und der Fortbewegungsrichtung.

Es sind die Trittsiegel des rechten Vorderfußes gezeichnet.

Fig. 1: Hirsch

Erwachsenes Männchen (a), Trittsiegel 8-11 cm lang, 5-7 cm breit; Hirschkuh (b), Trittsiegel 6-7 cm lang, 4-5 cm breit; Hirschkalb, Trittsiegel 4,5 cm lang, 3,5 cm breit.

Das Trittsiegel ist stark abgerundet, die Spreizung nur schwach markiert (a). Die Afterklauen hinterlassen nur beim Sprung einen Abdruck. Das Trittsiegel des Weibchens (b) wirkt spitzer, die Spreizung ist größer als beim Männchen, selbst im Schritt. Die Ballen (c) nehmen ein Drittel der Trittsiegellänge ein. Der Vorderfuß hinterläßt einen breiteren Abdruck als der Hinterfuß; die Schalenspitzen sind besser markiert und weiter voneinander entfernt.

Verbreitung: Das Territorium des Hirsches *(Cervus elaphus)* beträgt 4000-8000 Hektar. Er hält sich im dichten Unterholz auf, um wiederzukäuen, zieht für die Nahrungsaufnahme aber als ursprüngliches Sumpftier offene Lebensräume vor. Im Innern seines Territoriums wechselt er oft seine Pfade, bleibt aber den Hauptwechseln treu. Suhlt sich gerne in Waldtümpeln, zu denen die Wechsel konzentrisch ziehen, und rollt sich gern in der kalten Asche von Feuerstellen.

Fig. 2: Damhirsch

Erwachsenes Männchen (a), Trittsiegel 6-8 cm lang, 4-5 cm breit; Weibchen (b), Trittsiegel 4-5,5 cm lang, 3-3,5 cm breit. Gewicht 60-90 kg.

Die Trittsiegel sind viel stärker zugespitzt als beim Hirsch. Die Ballen bedecken fast die Hälfte des gesamten Trittsiegels (c).

Verbreitung: Der Damhirsch *(Dama dama)* ist heute vor allem in Asien verbreitet, doch kam er früher auch wild in Europa vor. Heute kennen wir ihn vor allem als Park- und Zootier, obwohl es in Deutschland und in Osteuropa einige völlig freie Populationen gibt. Der Damhirsch liebt den Hochwald und geht nicht in zu bewegtes Gelände. Er entrindet Bäume, während er sich nach Ziegenart auf den Hinterbeinen aufrichtet. Der Damhirsch suhlt nicht wie der Hirsch.

Fig. 3: Reh

Rehbock (a), Trittsiegel 4-5 cm lang, 2-3 cm breit; Ricke (b), Trittsiegel 3,5-4,5 cm lang, 2-3 cm breit; Gewicht 15-25 kg.

Die Unterscheidung zwischen der Spur eines Männchens oder eines Weibchens ist schwieriger als beim Hirsch. Bei einem guten Abdruck erkennt man die Ricke an den stärker zugespitzten Schalen und an der bei jeder Gangart größeren Spreizung. Die Ballen nehmen ein Viertel der Trittsiegellänge ein.

Verbreitung: Das Reh *(Capreolus capreolus)* liebt offenere Lebensräume als der Hirsch; es ist weniger von Wasserstellen abhängig und stellt bei uns das weitaus häufigste Huftier dar. In der Dämmerung ist es sehr oft an Waldrändern zu sehen. Im Herbst und im Winter hält sich das Reh in kleinen gemischten Gruppen auf, die von einem alten Weibchen geführt werden. Im Sommer werden die Tiere zu Einzelgängern. Im Gebirge steigt das Reh bis zur Baumgrenze. Große Schäden durch Baumverbiß.

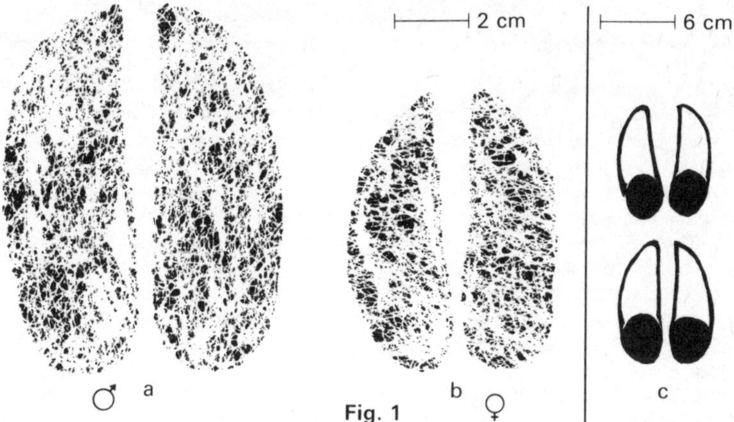

Fig. 1

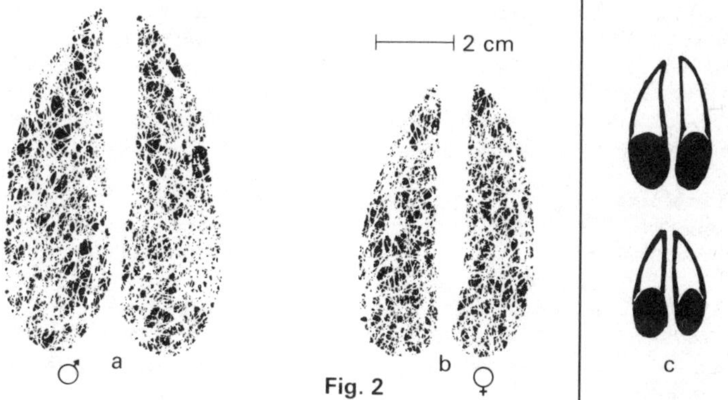

Fig. 2

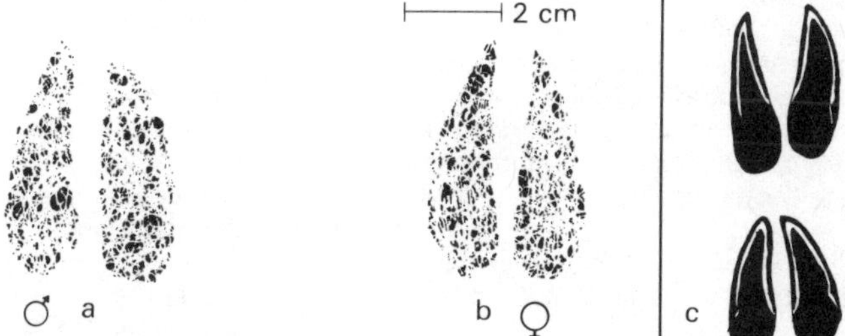

Fig. 3

Tafel 7: Spuren von Huftieren

Fig. 1: Wildschwein
Keiler (a), Trittsiegel 9-12 cm lang, 6-8 cm breit; Bache (b) Trittsiegel 8-11 cm lang, 4,5-5,5 cm breit; Frischling, Trittsiegel 4 cm lang, 3 cm breit; Gewicht bis 200 kg.
Die Afterklauen sind mit Ausnahme des Frischlings fast immer abgebildet, bei jeder Gangart. Mit zunehmendem Alter ragen sie immer stärker vor, auch die Schalen werden stärker gerundet.
Verbreitung: Das Wildschwein *(Sus scrofa)* beansprucht ein Territorium von 2000-5000 Hektar. Es braucht unbedingt Wasserstellen, um zu suhlen, vor allem in der Sommerhitze, beim Haarwechsel und in der Brunst. Wenn es den Boden mit dem Rüssel nach Nahrung durchwühlt, hinterläßt es charakteristische Spuren.

Fig. 2: Mufflon
Trittsiegel (a) 5-7 cm lang, 4 cm breit; Gewicht 25-40 kg.
Die Schalenabdrücke des Mufflons sind immer weit gespreizt, ihr Innenrand konkav. Die Ballen nehmen ein Drittel der Trittsiegellänge (b) ein. Niemals Abdrücke von Afterklauen. Trittsiegel des Weibchens ungefähr gleich groß wie die des Männchens, weniger grob, Schalen spitzer.
Verbreitung: Das Mufflon *(Ovis ammon)* ist ursprünglich nur auf Korsika, Sardinien und Zypern heimisch, wurde bei uns eingeführt und kommt heute auch wild vor.

Fig. 3: Gemse
Trittsiegel 6 cm lang, 3, 3-4 cm breit; Gewicht 30-45 kg.
Stets ein mindestens 1 cm breiter Zwischenraum zwischen den Schalen (a). Ballen (b) bei einer guten Spur stets scharf abgegrenzt. Afterklauen (c) nur im Schnee oder beim Sprung.
Verbreitung: Die Gemse *(Rupicapra rupicapra)* ist ursprünglich ein Tier der mittleren Höhen. Nur die Besiedlung der Alpentäler durch den Menschen hat sie in größere Höhen abgedrängt.

Fig. 4: Steinbock
Trittsiegel 4,5-5,5 cm lang, 3,5-4,5 cm breit; Gewicht 75-120 kg beim Männchen, 40-55 kg beim Weibchen.
Trittsiegel flach, breit und rund, Umrisse verschwommen, Ballen wenig ausgeprägt, nahe beieinander liegend. Vordere Trittsiegel des Männchens stets weit offen, Afterklauen nur im Tiefschnee zu erkennen.
Verbreitung: Der Steinbock *(Capra ibex)* kommt in den Alpen, Karpaten, Pyrenäen und anderen spanischen Gebirgen vor. Sucht im Gegensatz zur Gemse nicht Schneefelder, sondern steile Felsen bis 3300 m Höhe auf.

Fig. 5: Hausschaf
Erwachsenes Tier (a), Trittsiegel 4,5-6 cm lang, 3-5 cm breit, beim Lamm (b) entsprechend kleiner.
Das Trittsiegel steht zwischen dem des Rehs und dem des Mufflons. Schalen im allgemeinen abgerundet.

Fig. 6: Hausziege
Trittsiegel 4-5 cm lang, 4-5 cm breit. Spreizung im allgemeinen dreieckig, Schaleninnenseite konkav, kein Abdruck der Afterklauen.

Fig. 7: Hausrind
Trittsiegel 9-14 cm lang, 8-11 cm breit. Trittsiegel stark abgerundet, Schalen bohnenförmig.

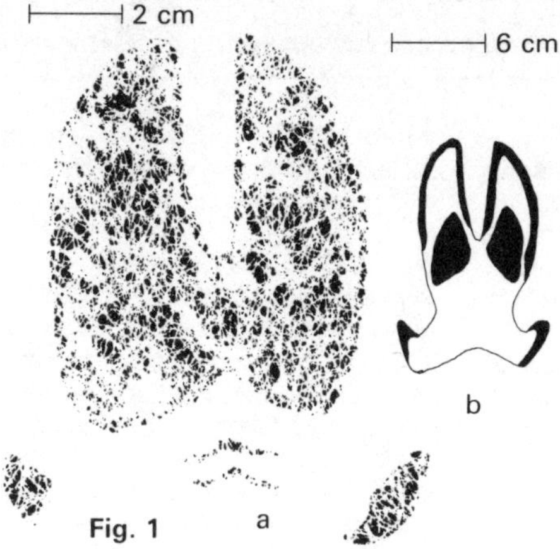

Fig. 1

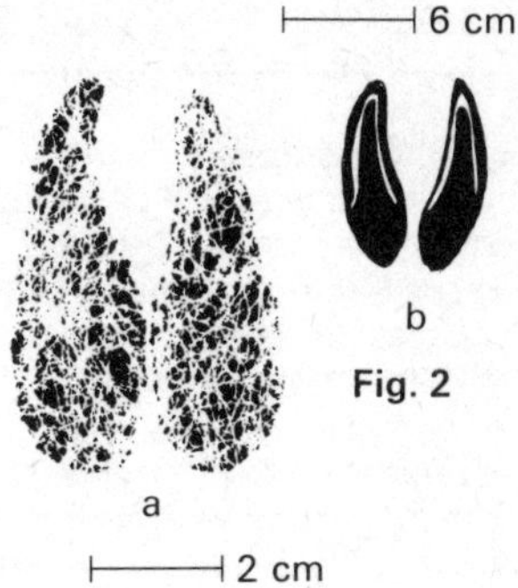

Fig. 2

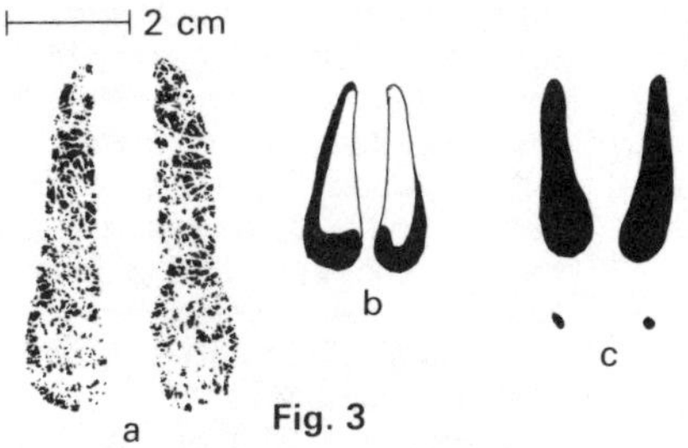

Fig. 3

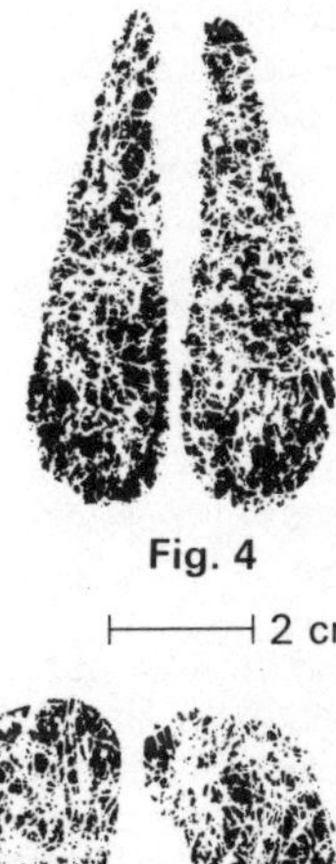
Fig. 4

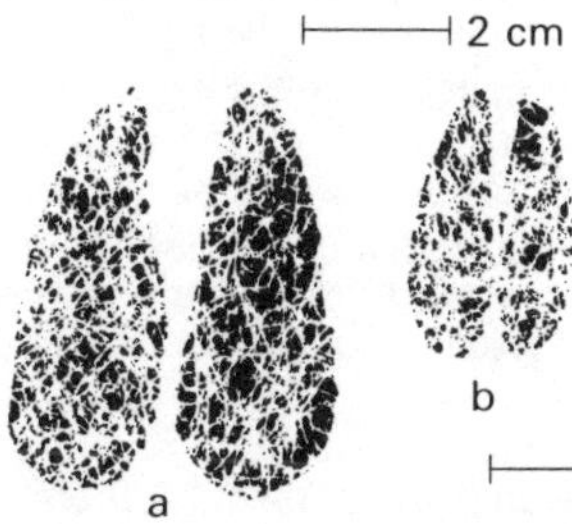

Fig. 5

Fig. 6

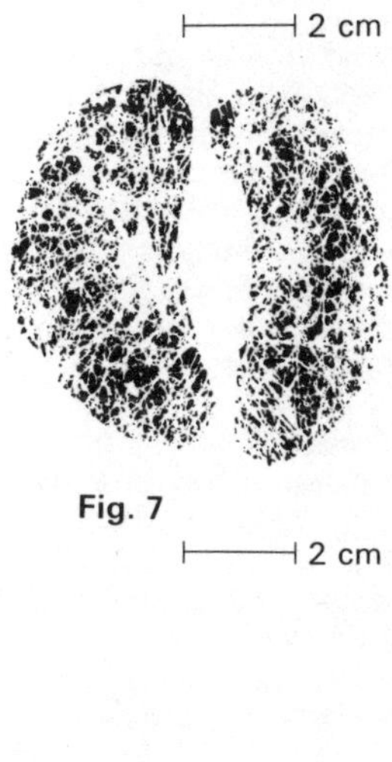

Fig. 7

Tafel 8: Spuren seltener oder kürzlich eingeführter Säuger

Fig. 1: Fischotter
Vorderfußspur (a) 6-7 cm lang, 5-6 cm breit; Hinterfußspur (b) 5 cm lang, 6 cm breit, mit der ganzen Fußsohle 9 cm lang, 6 cm breit; Gewicht 5-16 kg.
Die Schwimmhäute werden fast nie abgebildet.
Verbreitung: Der Fischotter *(Lutra lutra)* kam einst an allen Fließgewässern vor. Heute nur noch wenige Exemplare und isolierte Populationen. Man erkennt das Vorhandensein auch an der Losung, die Fischschuppen und Gräten sowie Schalenstücke von Krebsen enthält. Man findet sie auf erhöhten Steinen oder Grasbüscheln.

Fig. 2: Luchs
Vorderfußspur 6-7 cm lang, 5-6 cm breit; Hinterfußspur 7-8 cm lang, 6 cm breit; Gewicht 15-28 kg.
Wegen der Größe ist eine Verwechslung mit den Abdrücken der Wildkatze (höchstens 4 cm lang) ausgeschlossen.
Verbreitung: Der Luchs *(Lynx lynx)* wurde in die Schweiz, nach Deutschland, Österreich und Italien wiedereingeführt und scheint sich in der Wildbahn zu halten und sogar zu vermehren. Die Beutetiere des Luches zeigen Verwundungen an der Kehle. Er frißt die Muskeln der Schenkel und Schultern als erstes.

Fig. 3: Braunbär
Vorderfußspur (a) 13-15 cm lang, 12 cm breit; Hinterfußspur (b) 26 cm lang, 12 cm breit; Gewicht 150-300 kg.
Der Abdruck erinnert an die Fußspur eines Menschen.
Verbreitung: Der Braunbär *(Ursus arctos)* kommt nur noch sehr lokal in kleinen Populationen vor: Pyrenäen, Kantabrische Alpen, Adamello-Gruppe, Abruzzen, Slowenien und vor allem Osteuropa.

Fig. 4: Europäischer und Amerikanischer Nerz
Vorderfußspur 3,5 cm lang, 3 cm breit; Gewicht 0,5-1,5 kg. Spur sehr schwer von der des Iltis zu unterscheiden, da die leichte Schwimmhaut kaum jemals abgedrückt wird. Die Losung des Nerzes enthält regelmäßig Reste von Fischen und Krebsen.
Verbreitung: Der Europäische Nerz *(Mustela lutreola)* ist sehr selten geworden, er lebt amphibisch an Gewässerufern. Der etwas größere Amerikanische Nerz *(Mustela vison)* geht auf entwichene Tiere von Pelzfarmen zurück, vor allem in Holland und Dänemark. Lebt auch weit entfernt vom Wasser.

Fig. 5: Waschbär
Vorderfußspur (a) 7 cm lang, 5 cm breit; Hinterfußspur (b) 9 cm lang, 5 cm breit; Gewicht 2-4 kg.
Verbreitung: Der Waschbär *(Procyon lotor)* wurde als Pelztier aus Nordamerika eingeführt und ist bei uns heimisch geworden. Breitet sich zur Zeit nach Westen aus.

Fig. 6: Marderhund
Trittsiegel 4-5 cm lang, 5-6 cm breit; Gewicht 5-7,5 kg. Unterscheidet sich von der Spur des Fuchses durch die weit entfernten und regelmäßig am Pfotenrand angeordneten Ballen.
Verbreitung: Der Marderhund *(Nyctereutes procyonoides)* wurde aus Ostasien nach Rußland eingeführt, breitet sich nach Westen aus und wird wohl bald den Rhein überschreiten.

△ *Spechtschmiede*
▽ *Wildwechsel durch Getreide*

△ *Fraßbild des Borkenkäfers*
▽ *Schälschäden durch Rotwild*

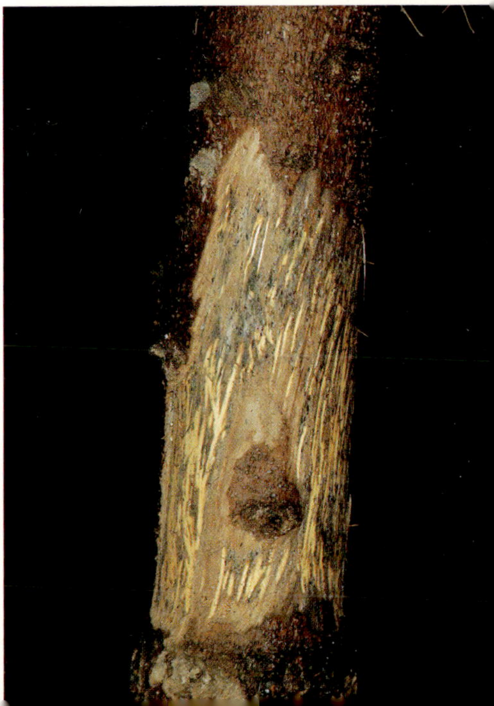

Fig. 1

Fig. 2

Fig. 3

5 cm

Fig. 4

2 cm

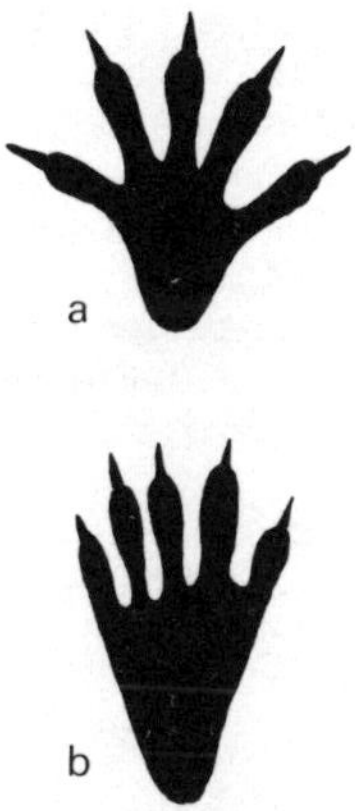

Fig. 5

4 cm

Fig. 6

2 cm

Δ *Blattmine* ∇ *Gallen auf Buchenblatt*

Spuren von Vögeln

Wie bei den Säugern widerspiegeln auch die Spuren der Vögel die unterschiedlichen anatomischen Anpassungen der Art an ihre Umwelt und an ihre besondere ökologische Nische.
Die Vögel gehen auf drei oder vier Zehen. Die nach hinten gerichtete Zehe entspricht unserem Daumen. Sie kann sehr stark (Reiher) oder rudimentär entwickelt sein (Fasan) oder hoch oben ansetzen (Haushuhn). In diesem Fall ist nie ein Abdruck zu finden. Die Spechte sind die einzigen Vögel in Europa mit zwei nach vorn und zwei nach hinten gerichteten Zehen.

Tafel 9: Spuren von Vögeln

Laufvögel (Fig. 1 bis 4)
Unter diese nicht systematische Kategorie fallen alle Arten, die den größten Teil ihres Lebens auf dem Boden verbringen oder es vorziehen, im Laufen zu flüchten. Die Abdrücke sind sich sehr ähnlich: Zehen kräftig, Daumen hingegen rudimentär. Die mittlere Zehe verleiht den Antrieb, während die seitlichen Zehen das Gleichgewicht halten. Krallen entwikkelt, doch vom Gebrauch abgerundet.

Fig. 1: Fasan
Abdruck 7 cm lang, 7 cm breit.

Fig. 2: Rebhuhn
Abdruck 5 cm lang, 5 cm breit.

Die Wachtel hat einen sehr ähnlichen Abdruck wie das Rebhuhn, allerdings ist er nur halb so groß. Das Trittsiegel des Auerhuhns ähnelt dem des Fasans, doch Zehen breiter, Gesamtlänge über 10 cm.

Fig. 3: Waldschnepfe
Abdruck 4 cm lang, 4 cm breit.

Fig. 4: Wiedehopf
Abdruck 4 cm lang, 4 cm breit.

Schlammbewohner (Fig. 5 und 6)
Bemerkenswert ist die Ähnlichkeit der beiden abgebildeten Spuren, obwohl sie zu zwei ganz verschiedenen Tieren gehören. Beim Teichhuhn (*Gallinula chloropus*, Fig. 5) und beim Graureiher (*Ardea cinerea*, Fig. 6) sind die Zehen lang und schlank. Die äußeren Zehen bilden einen Winkel von 90° und gewährleisten damit eine größtmögliche Tragfläche auf dem weichen Schlamm. Der Daumen ist stark entwickelt und dient auch zum Festhalten, wenn sich das Tier auf einem Baum niederläßt. Die Krallen des Reihers sind immer gut zu erkennen.

Fig. 5: Teichhuhn
Abdruck 7 cm lang, 4 cm breit.

Fig. 6: Graureiher
Abdruck 10 cm lang, 10 cm breit.

Schwimmvögel (Fig. 7 bis 9)
Der Abdruck der Schwimmhäute stellt ein wichtiges Element bei der Bestimmung dieser Tiere dar. Die Schwimmhaut vereinigt im allgemeinen drei nach vorn gerichtete Zehen (Fig. 7: Stockente). Bei den Tauchenten verbindet eine kurze Membran den

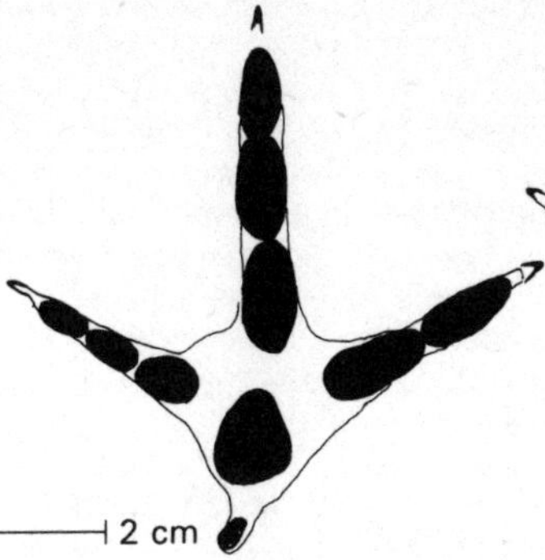

Fig. 1

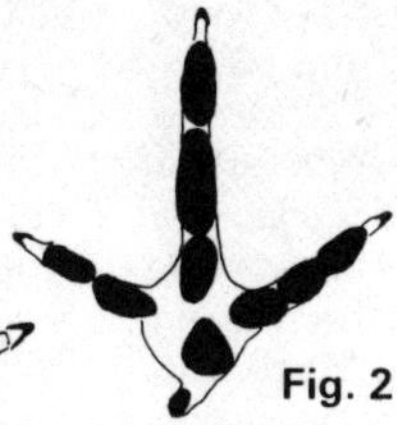

Fig. 2

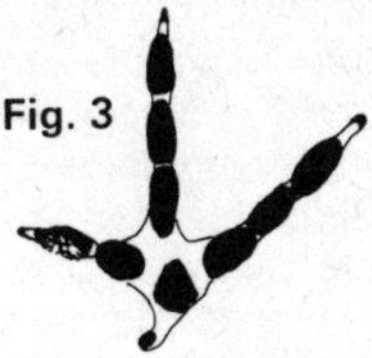

Fig. 3

Fig. 4

Fig. 5

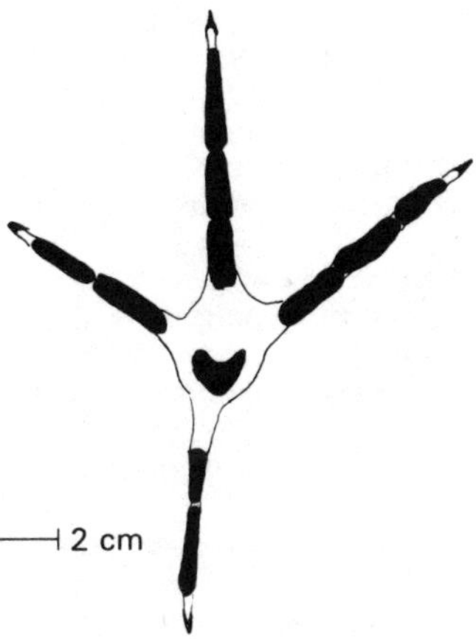

Fig. 6

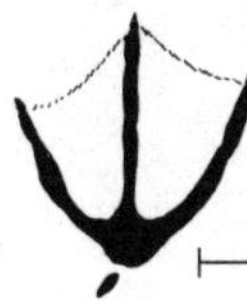

Fig. 7

Fig. 8

Fig. 9

Fig. 10

Fig. 11

Fig. 12

Daumen mit den übrigen drei Zehen. Der Haubentaucher und das Bläßhuhn (Fig. 8) haben keine verbindende Schwimmhaut, sondern lappenartige Verbreiterungen an jeder Zehe, die sehr unregelmäßige Abdrücke bilden. Die Spuren der Möwen sehen denen der Enten ziemlich ähnlich, doch sind die kräftigen Krallen stets besser zu erkennen. Der gesamte Abdruck wirkt stärker symmetrisch, weil die beiden Außenzehen gleich lang sind. Schließlich ist die Schwimmhaut zwischen den Zehen stärker konkav gerundet. Seeschwalben sind leicht am Fußabdruck zu erkennen, weil die Schwimmhaut nur bis zur Hälfte der Zehen reicht.

Fig. 7: Stockente
Abdruck 8 cm lang, 6,5 cm breit.

Fig. 8: Bläßhuhn
Abdruck 10 cm lang, 7 cm breit.

Fig. 9: Silbermöwe
Abdruck 7 cm lang, 6 cm breit.

Lachmöwe: Abdruck 4,5 cm lang, 4 cm breit, sonst sehr ähnlich.

Baumvögel (Fig. 10 bis 12)
Die vier Zehen sind stets gut entwikkelt, und die Abdrücke der Ballen sind auf feuchtem Boden deutlich zu erkennen. Das ist besonders bei den Rabenvögeln der Fall, etwa der Dohle (Fig. 11). Sie verbringen viel Zeit auf dem Boden auf der Suche nach Nahrung und kratzen dabei mit ihren kräftigen gerundeten Krallen in der Erde. Die Hinterzehe ist immer gut entwikkelt, weil sie es den Vögeln erlaubt, sich auf Ästen festzuhalten. Die spitzen, nach hinten gekrümmten Krallen verbessern den Griff beim Festhalten. Bei den kleinen Spatzenvögeln erfüllen sie nur noch diese Funktion, weil sie zu zierlich geworden sind, um noch in der Erde kratzen zu können.
Auch die Greifvögel zeigen diesen allgemeinen Aufbau. Die Krallen spielen bei ihnen allerdings eine wichtige Rolle beim Beutefang. Sie sind vergrößert, sehr spitz und nach hinten gekrümmt.

Fig. 10: Ringeltaube
Abdruck 4,5 cm lang, 4 cm breit.

Fig. 11: Dohle
Abdruck 5 cm lang, 3,5 cm breit.

Aaskrähe: Abdruck 9 cm lang.

Elster: Abdruck 8 cm lang.

Eichelhäher: Abdruck 7 cm lang.

Fig. 12: Amsel
Abdruck 4,5 cm lang, 4 cm breit.

Tafel 10: Spuren von Amphibien und Reptilien

Fig. 1: Griechische Landschildkröte
Die Griechische Landschildkröte (*Testudo hermanni*) hat eine Schrittlänge von ungefähr 5 cm. Sie bewohnt vor allem Italien und den Balkan.

Fig. 2: Zauneidechse

Fig. 3: Kriechspur einer Schlange.
Auf Sand läßt sich die Bewegungsrichtung bestimmen.

Fig. 4: Erdkröte
Fuß- und Beinabdrücke auf feuchtem Sand.

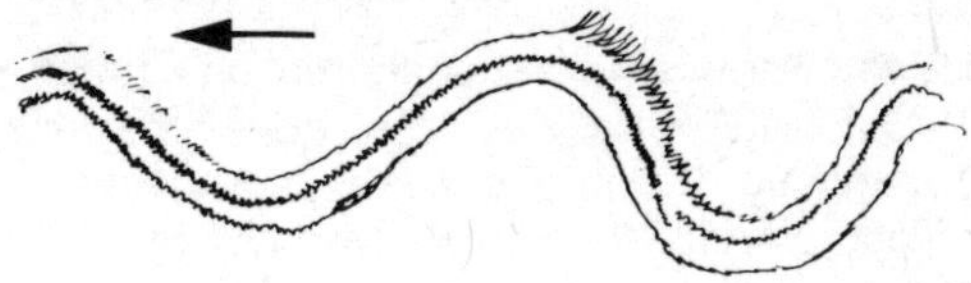

Fig. 3

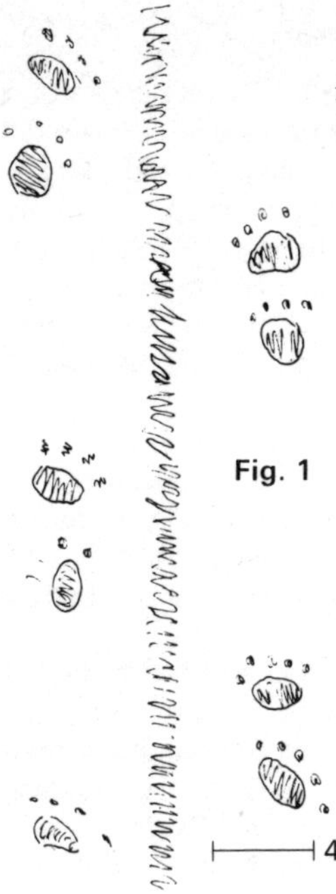

Fig. 1

4 cm

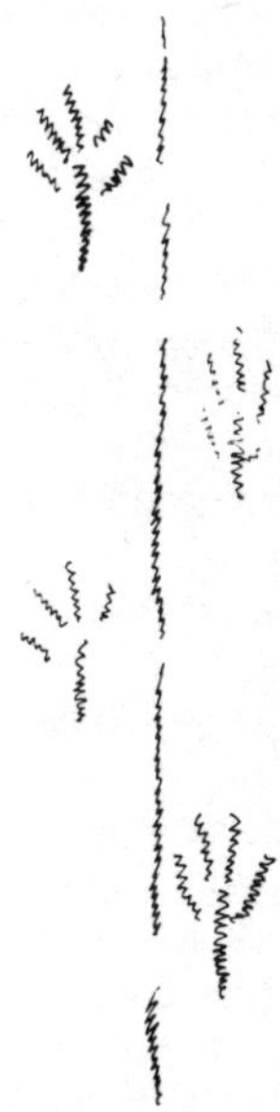

Fig. 2

2 cm

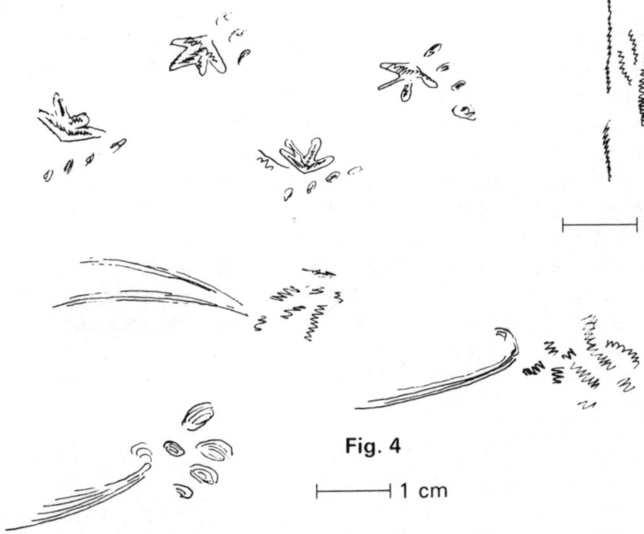

Fig. 4

1 cm

Wir sammeln Fußspuren

Beim Sammeln von Fußabdrücken können wir uns dem Glück und dem Zufall völlig überlassen oder ihm etwas nachhelfen, indem wir sorgfältig Stellen glattharken, von denen wir glauben, daß die gesuchte Art hier regelmäßig vorbeizieht. Man kann das auch mit einer kreisrunden Fläche machen und in deren Mitte etwas Nahrung oder eine Geruchsquelle anbringen. Die Katze ist zum Beispiel sehr empfindlich auf Baldriantinktur. Gewisse kleine Raubtiere werden von Kölnisch Wasser angezogen, andere wiederum vom Ticktack eines Weckers.

Zwei Sammelmethoden sind möglich:

– Wir stechen mit Hilfe einer Schaufel oder eines Taschenmessers jenes Stück Lehmboden weg, das den Fußabdruck trägt, und lassen es an der Sonne trocknen. Man kann sich auch einer Metallschachtel bedienen, wobei wir den Deckel dazu verwenden, um das betreffende Bodenstück auszustechen.

– Wir gießen den Fußabdruck mit Gips aus und erhalten zunächst einen Negativabdruck. Wir stecken dazu einen Rahmen aus Holz, Metall und Karton rund um den Abdruck in den Boden und sorgen dafür, daß er einige Zentimeter hoch hinausragt. Selbstverständlich reinigen wir den Abdruck vorher von Zweigen und Blättern. Dann gießen wir in den Rahmen ziemlich flüssigen Gips. Nach 2-3 Stunden können wir ihn aus der Form nehmen, doch empfiehlt es sich, einige Tage zu warten, bevor wir die Gipsform endgültig von anhaftenden Bodenteilchen reinigen. Schließlich verwenden wir den Negativabdruck zur Herstellung eines weiteren, nunmehr positiven Gipsabdrucks. Damit erhalten wir ein naturgetreues Bild des Trittsiegels. Man sollte nicht vergessen, die erste Gipsform vorher einzuölen, damit sich beide Formen später leichter trennen lassen. Für den zweiten Abdruck empfiehlt sich ein leicht gefärbter Gips. Gipsmodelle kann man nur von sehr scharfen Trittsiegeln in Lehm- oder Schlammboden nehmen. Beim zweimaligen Abformen gehen zwangsläufig manche Einzelheiten verloren. So schön Gipsabdrücke sind, die genaue Zeichnung können sie nicht ersetzen.

2

Die Wechsel

Wege und Wechsel

Innerhalb seines Territoriums bewegt sich ein Tier nicht irgendwie und irgendwo. Es benutzt besondere Wege, die Wechsel, die einen das ganze Jahr hindurch, andere nur zu bestimmten Zeiten. Manche Wechsel sind einfach zu erkennen: die Erde ist festgetrampelt, tote Blätter sind zerkrümelt und völlig abgebaut, ja sogar das Gras ist unter den ständigen Tritten verschwunden. Solche Wechsel erscheinen als kleine eingetiefte Pfade mit zahlreichen Fußabdrücken. Die Wechsel der Dachse um ihren Bau herum, die Wechsel der Hirsche und Wildschweine, die zu Wasser- und Suhlstellen führen, haben meistens dieses typische Aussehen.
Andere Wechsel erscheinen unseren Augen hingegen nur als leichte Vertiefung in der Streu- und Krautschicht. Man erkennt sie nur, wenn man vor sich hinsieht, ohne auf Einzelheiten achtzugeben. Auf diese Weise gelingt es, leichte vom Relief bewirkte Unterschiede im Schattenwurf und auch in der Färbung zu erkennen. Erst wenn man einen solchen Wechsel ausgemacht hat, kann man sein Augenmerk auf die Einzelheiten richten. Diese Art von Wechseln ist übrigens nachts mit einer künstlichen Lichtquelle leichter zu erkennen.
Ein System von Wechseln kann von einer Art, ja von einem einzigen Individuum benutzt werden. In der Regel machen aber mehrere, nach Größe und Lebensweise sogar sehr unterschiedliche Arten davon Gebrauch. So kommt es, daß Wechsel, in denen wir Abdrücke von Füchsen, Katzen, kleinen Nagern und Rehen finden, auch von Picknickresten, Zigarettenschachteln und anderen Überbleibseln gesäumt sind, weil Spaziergänger, Pilzsammler und Jäger, oft ohne es zu merken, Wechsel von Waldtieren benützen.
Gewisse Wechsel sind sehr charakteristisch für die Tierarten, die sie anlegen. Das gilt zum Beispiel für den Biber, der richtige kleine Kanäle gräbt. Sie münden senkrecht in den Fluß, den er bewohnt, und dienen ihm als Transportwege für die abgeschnittenen Stämme und Äste, die er möglichst

nah an seinen Bau heranbringen will. Ebenso charakteristisch sind die Wechsel, welche die Bisamratten am Gewässerufer graben. Sie erlauben es den Tieren, sich unter Wasser zu orientieren und leichten Eingang zum Bau zu finden. Trocknet das Gewässer aus, so kann die Bisamratte noch mehrere Tage lang im Wasser dieser selbstgegrabenen Kanäle schwimmen.
Trotzdem kann man anhand eines Wechsels nur selten dessen Urheber bestimmen. Es gelingt, die Ausmaße der größten Besucher zu bestimmen, indem wir die Höhe und Breite des Tunnels in der Vegetation ausmessen. Der Lebensraum, in dem der Wechsel verläuft, gestattet es uns, von Anfang an bestimmte Arten auszuschließen, die niemals hier vorkommen, doch bleibt die Suche nach gut erhaltenen Fußabdrücken oder anderen Spuren unumgänglich.
Wenn wir einen Wechsel genau beobachten, so erfahren wir viele Dinge, die einst wichtig für das Überleben waren, weil der Mensch ganz oder teilweise von der Jagd abhing. Heute haben sie ihre Bedeutung nur noch im militärischen Bereich: Anlage und Tarnung der Wechsel kleiner Nagetiere gegenüber Greifvögeln ähneln sehr den Regeln, die militärische Handbücher für die Tarnung gegenüber Flugzeugen empfehlen.
Im allgemeinen gehorchen alle Wechsel, wie verschieden ihr Aussehen und ihre Ausmaße sein mögen, denselben strategischen Regeln:
– Sie gehorchen dem Gesetz des geringsten Aufwandes: Die Wechsel bilden in der Ebene eine Gerade und folgen in hügeligem Gelände der Linie der geringsten Neigung. So kann sich das Tier mit geringem Kraftaufwand und möglichst ohne Wechsel der Gangart fortbewegen.
– Der Wechsel umgeht Hindernisse bis zur Höhe des Tieres; dieses kann sich in aller Stille bewegen und bei Gefahr leicht eine schnellere Gangart einschlagen.
– Wechsel verlaufen so, daß sie das Tier möglichst oft in eine günstige strategische Lage versetzen. Es muß schwer zu erkennen sein und gleichzeitig möglichst viele Sinneseindrücke von der Umwelt aufnehmen können. Um diese für das Überleben der Tiere lebensnotwendige Regel zu verstehen, muß man sich allerdings vor Augen halten, daß jede Art die Umwelt mit ihren eigenen Sinnesorganen wahrnimmt und interpretiert, und diese Eindrücke sind sehr verschieden, oft grundlegend verschieden von den unseren.
Es ist deswegen wichtig, die biologischen Grundlagen des tierischen Verhaltens zu kennen, um verstehen zu können, was in der Natur geschieht. Die meisten Säugetiere zum Beispiel – einmal abgesehen von den Menschen und den Affen – sehen nicht alle Farben und erkennen in ihrem Gesichtsfeld viel leichter Bewegungen als Zeichnungsmuster. Das weiß jeder Jäger, der sofort stillsteht, wenn ihn ein Beutetier ansieht – und ihn dabei wahrscheinlich nicht erkennt. Ein sehr großer Unterschied besteht im Riechvermögen. Der Geruchssinn ist für viele Tiere lebenswichtig. Bei uns ist er nur schwach ausgebildet und nicht imstande, ein Bild von der Umwelt zu erzeugen.

Ein Hund kann zum Beispiel erkennen, welche Richtung ein Beutetier eingeschlagen hat. Er braucht nur ungefähr 20 m lang an der Spur zu riechen, um an deren Geruchsintensität zu erkennen, ob er immer frischeren oder immer älteren Abdrücken folgt. In diesem Fall kehrt er automatisch um und folgt der Spur in der anderen Richtung.
Im allgemeinen häufen sich Pfade und Wechsel an den Grenzen zweier ökologisch verschiedener Lebensräume. Das Ufer eines Baches, eines Weihers, eines Waldes oder eines Feldes beherbergt im allgemeinen viel mehr Tiere als das Zentrum dieser Lebensräume. Solche Übergangszonen sind in zweifacher Hinsicht attraktiv. Auf der einen Seite beherbergen sie zeitweilig all jene Tierarten, die tägliche Wanderungen zwischen den verschiedenen Lebensräumen ihres Territoriums durchführen. Das ist zum Beispiel beim Fuchs und beim Hirsch der Fall, die sich im allgemeinen im Wald verbergen, im Freien aber ihre Nahrung suchen. Der Hirsch kann innerhalb von 24 Stunden ein dutzendmal hin und her wandern, wobei wir die Wanderungen zu den Wasser- und Suhlstellen noch nicht berücksichtig haben. Auf der anderen Seite stellen diese Übergangsbiotope selbst wichtige Lebensräume dar. Man hat berechnet, daß von 100 Vogel- oder Säugerarten, die in einem Waldgebiet leben, 75 sich fast stets am Rand des Waldes oder von Lichtungen aufhalten. Die Grenzen zwischen zwei Lebensräumen beherbergen also eine reiche Vielfalt von Pflanzen- und Tierarten.
Die Wechsel markieren auf diese Weise also besonders artenreiche Lebensräume. Und wie es möglich ist, sich von der Wirtschaft eines Landes anhand der Verkehrsverbindungen eine Vorstellung zu machen, so erlaubt es uns das Studium der Wechsel zu begreifen, wie ein Tier sein Territorium erlebt und nutzt. Mit seinen Wechseln verbindet ein Tier mehrere verschiedene Zonen, von denen jede ein oder mehrere arttypische biologische Bedürfnisse erfüllt. Die Wechsel selbst geben uns Auskunft darüber, welchen besonderen Zweck eine bestimmte Zone erfüllt, welche strategische Bedeutung sie einnimmt. Die Wechsel des Fuchses verraten uns zum Beispiel, daß er bestimmte Gebiete seines Territoriums methodisch und intensiv nach Beutetieren und Nahrung absucht, während er in anderen nur gelegentlich und oft nur zu bestimmten Jahreszeiten anzutreffen ist. Im ersten Fall führt der Wechsel direkt zu den Stellen, von denen das Tier weiß, daß es hier etwas zu fressen findet. Im eigentlichen Gebiet angekommen, zeigt der Wechsel aber zahlreiche Schlingen und Umwege. Man kann ihn dann mit jenen kleinen Landstraßen und Bergpfaden vergleichen, die vor allem den Warenaustausch innerhalb einer bestimmten Zone ermöglichen. Solche Fuchswechsel findet man in der Umgebung von Müllplätzen, in Gärten und Parks, am Rande von Dörfern und Vorstädten, also überall dort, wo die Umwelt das ganze Jahr über genügend Ressourcen bietet. Die Wechsel, welche in weniger oft besuchten Zonen verlaufen, sind viel geradliniger. Man kann ihre Funktion mit der unserer Autobahnen vergleichen. Sie erlauben es,

weit entfernte Orte schnell und sicher zu erreichen, geben dem Reisenden aber nur ein bruchstückhaftes Bild von der durchquerten Gegend. Aus diesem Grunde finden wir in interessanten Gebieten neben den Hauptwechseln auch Nebenwechsel, die fischgrätenartig angeordnet sind. Der Fuchs benutzt sie gelegentlich und hält sich wie alle Säuger an seine eigenen Wege. Im Fall einer Gefahr versucht ein Tier immer, so schnell wie möglich zu seinen Wechseln zu gelangen, selbst wenn es sich dadurch etwas stärker der Gefahrenquelle nähern muß.
Wenn der Fuchs eine Beute – allerdings in ungünstiger Lage – erspäht hat, dann geht er zurück und nähert sich ihr auf einem anderen Wechsel, abgewandt vom Wind, der seinen Geruch oder das Geräusch seiner Schritte verraten könnte.
Die freie Natur ist also keineswegs der Tummelplatz der Spontaneität, wie wir es uns immer vorstellen. In der freien Natur geht es zu wie in unserer zivilisierten Umwelt: Alles ist erforscht, organisiert, markiert. Das Studium der Wechsel zeigt uns ganz deutlich, daß die Tiere bei der Nutzung ihres Territoriums sich weitaus mehr auf die Routine als auf die Improvisation verlassen. Wenn wir einen Kleinnager in einem ihm unbekannten Gelände freilassen, beginnt er sofort, sein neues Territorium auszukundschaften und Verkehrswege festzulegen, bevor er sich einen Unterschlupf baut. Wie der Mensch neigt auch das Wildtier mit zunehmendem Alter immer stärker dazu, sich einen sicheren Raum zu schaffen, wo es möglichst wenig der Ungewißheit und der Gefahr ausgesetzt ist.
So finden wir einige unserer Sorgen, die uns Tag für Tag bedrängen, bei unseren „kleineren Brüdern" wieder. Auch wenn einige Lösungen der Tiere für uns Menschen nicht durchführbar oder nicht akzeptabel sind, so ähneln doch andere sehr den unsrigen und können uns sehr viel über uns selbst verraten.
Die Besiedlung einer Wiese durch Mäuse erinnert uns durchaus an die Abenteuer unserer modernen Zivilisation: um den ersten Pionierbau herum entwickelt sich nach und nach ein sternförmiges Netz einfacher Wechsel, die in Form von Tunnels vorläufig in das Gras getrampelt wurden. Nach und nach entfernen die Mäuse alle Hindernisse und glätten die Wege sorgfältig. Die Tiere vergrößern das Netz, indem sie Tunnels in Maulwurfshaufen und große Grashorste bauen. Gewisse Passagen werden nur halb in den Untergrund versenkt. Es ist das Ziel dieser Wechsel, die Mäuse zu tarnen und ihnen bei der Ernte den Transport zu erleichtern. Mit der Zeit erhalten diese Straßen neue Erdnester, Verstecke, und Stellen mit Nahrungsresten und Losung. Die zunehmende Dichte der Wechsel und die zu intensive Nutzung führen zu einer ernsthaften Verarmung der Grünflächen und haben zur Folge, daß die Stellen, wo Nahrung zu finden ist, sich nunmehr weit vom Zentrum der „Stadt" entfernen. Dies wiederum führt dazu, daß weitere Erdbaue angelegt und die Wechsel weiterhin ausgebaut werden.

Einer solchen Gesellschaft ist meist nur eine kurze Existenz beschieden, bevor sie vom Pflug, von einer Überschwemmung oder von Pestiziden vernichtet wird. Doch kann sie auch zu einer kleinen ruhigen Stadt werden, wie sie mit regelmäßigen Populationsschwankungen etwa in Vorgärten anzutreffen ist.
Kaum ist das Pionierstadium überschritten, so macht sich überall Abenteuerlust breit. Sie verleitet schließlich einige tollkühne junge Tiere dazu, die Wechsel ihrer Eltern zu verlassen. So entsteht eine neue Kolonie.

Fauneninventar zur Winterzeit

Im Januar und Februar paaren sich viele Raubtiere und hinterlassen im Schnee zahlreiche Fußabdrücke. In dieser Zeit fällt es am leichtesten, die sonst so unauffälligen und scheuen Tiere zu bestimmen. Bevor man loszieht, legt man am besten anhand einer Karte den Weg fest. Er sollte zahlreichen Übergangsbiotopen entlangführen, etwa Waldrändern, Bach- und Flußufern oder Hohlwegen. Jede Spur wird numeriert, auf der Karte eingezeichnet und in einem Tagebucheintrag beschrieben. Ein solcher Rundgang kann zu einem befriedigenden Erlebnis werden, vor allem auch auf Langlaufskiern.

Fig. 1: Tarnung gegen Greifvögel bei Nagern
Unter dem trockenen Gras, das von den Winterwinden niedergedrückt wurde, verraten – von der Luft aus gesehen – nur einige kleine Löcher das Vorhandensein einer Kolonie von Feldmäusen.

Fig. 2: Wechsel kleiner Nagetiere
Wenn wir das Gras hochheben, entdecken wir solche Wechsel. Wo das Gras nicht dicht genug steht, um den Tunnel ganz zu verdecken, wird der Gang in den Boden eingegraben. Das Gras wird niedergetrampelt und bis zu den Wurzeln abgebissen. Solche Wechsel sind ein kollektiver Besitz der ganzen Kolonie. Sie werden gelegentlich auch von anderen Nagetieren und von Spitzmäusen benutzt.

Fig. 3: Versteck von Kleinnagern
Wo mehrere Hauptwechsel sich kreuzen, finden wir oft kleine Verstecke, die in Form von Erdbauen 10-20 cm tief in die Erde gegraben sind. Sie bieten Schutz vor den Krallen eines Greifvogels.

Fig. 4: Wechsel kleiner Nagetiere, von oben gesehen
Die Wechsel bilden ein dichtes Netz und können bis zu 10 Prozent der Gesamtoberfläche des Territoriums einnehmen. Die Mäuse verlassen diese Wechsel bei der Futtersuche nur auf ganz kurze Entfernung. Wenn ein Raubtier auftaucht, kehren sie sofort zum Wechsel zurück.

Fig. 5: Lage von Wechseln in bewegtem Gelände
In bewegtem Gelände legen die Säuger ihre Wechsel auf dem Talboden oder auf den Kammlinien an, sofern dies die Vegetation zuläßt.

Fig. 6: Wechsel unter einem Drahtgitter
Die Wechsel dienen nur in seltenen Fällen einer einzigen Art. Gewisse strategische Übergänge werden von Pflanzenfressern ebenso wie von ihren Räubern benutzt. Diesen Durchgang unter dem Drahtzaun verwendeten Feldhasen, Wildkaninchen, Katzen, Füchse und Hunde.

Fig. 7: Lage von Wechseln in der Vegetation
Tiere legen ihre Wechsel so an, daß sie, hinter Unterholz versteckt, vor den Blicken des Menschen geschützt sind, gleichzeitig aber selber einen guten Überblick über das freie Feld besitzen. Aus diesem Grund findet man in einem Abstand von ungefähr einem Meter vom Waldrand entfernt sehr oft einen Wechsel, der von vielen Tierarten benutzt wird.

Fig. 8: Wechsel einer Kolonie von Feldmäusen
Diese Aufnahme wurde auf einer Oberfläche von 9 qm gemacht. Die Kreuze bezeichnen Erdbaue, die Kreise sind Verstecke. Die schraffierten Teile bedeuten in den Boden gegrabene Wechsel, die 1-2 cm unter der Erdoberfläche liegen.

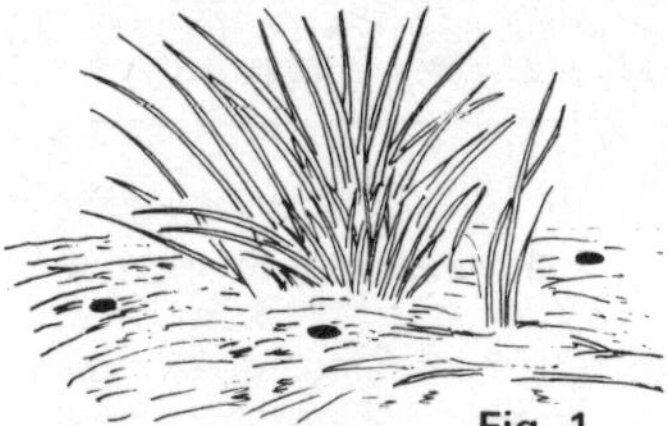

Fig. 1

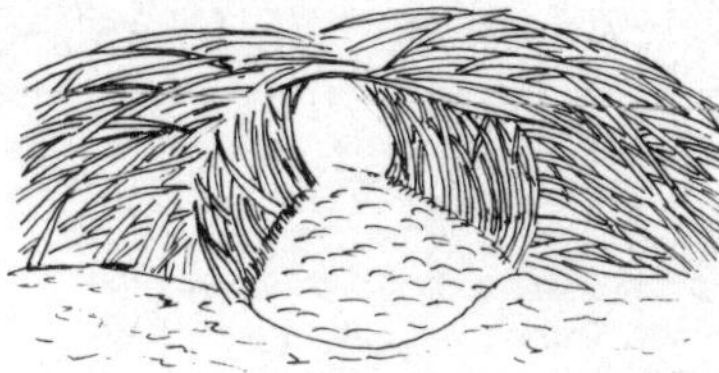

Fig. 2

Fig. 3

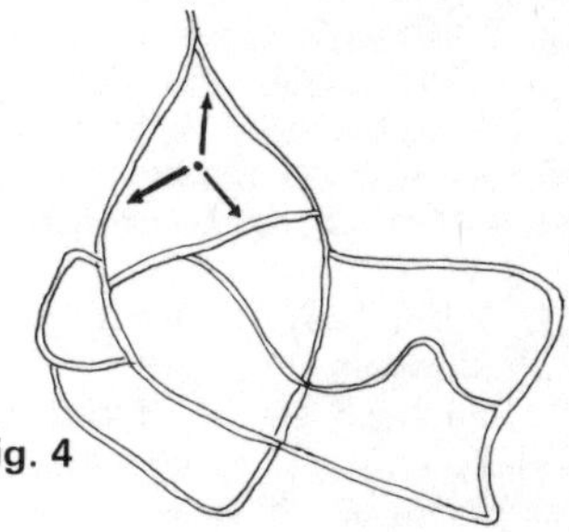

Fig. 4

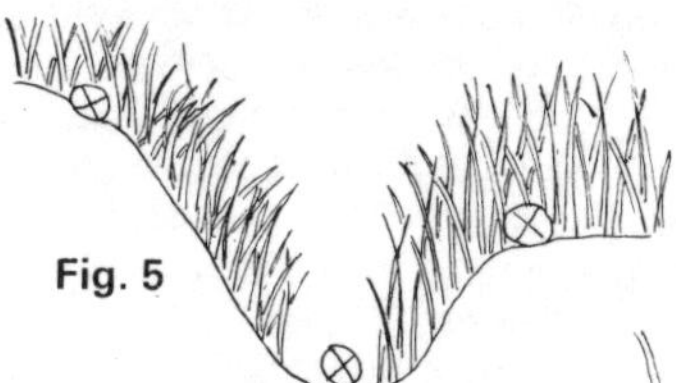

Fig. 5

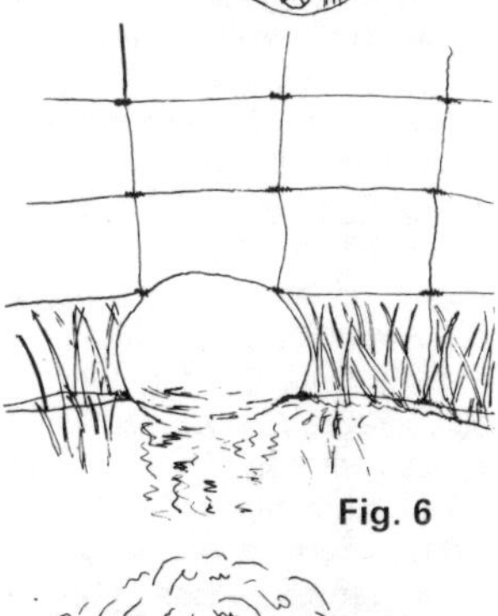

Fig. 6

Fig. 8

Fig. 7

Tafel 12: Wie Tiere ihre Spuren durcheinanderbringen

Die Fleischfresser unter den Säugern identifizieren eine Spur im wesentlichen nach ihrem Geruch. Er hält an der Stelle, wo das Beutetier seinen Fuß aufgesetzt hat, mehr oder minder lang an. Das bedeutet, daß die Beutetiere zu allen Zeiten, und nicht nur wenn frisch gefallener Schnee den Boden bedeckt, sich wegen ihrer Spuren sehr in acht nehmen müssen.

Fig. 1: Hund bei der Verfolgung eines Feldhasen

Der Feldhase ist ein Meister darin, seine Spuren durcheinanderzubringen. Bevor er sich in seiner Sasse niederlegt, nähert er sich ihr spiralförmig in Irrspuren. Wenn ein Räuber diesen Spuren folgt, kommt er bis auf einige Meter am Lager vorbei, ohne das gut getarnte Tier zu erkennen. Der wachsame Hase hat dann genügend Zeit, sich davonzumachen, bevor der Räuber die Spur bis zum Ende abgegangen ist.

Fig. 2: Klassische Finten des Feldhasen

a. Er springt auf Grashorste und größere Steine, um seine Spur zu unterbrechen.

b. Er kehrt auf seiner eigenen Spur um, läuft etwas zurück und wechselt dann mit einem gewaltigen Seitensprung (c) die Richtung.

Fig. 3: Spuren von Eichhörnchen im Schnee

(Nach Formosov, Manuel du trappeur, Payot 1953)

Diese Eichhörnchenspuren wurden von einem Jäger aus dem ostsibirischen Stamm der Tungusen aufgezeichnet. Der Baum, in dem das Eichhörnchen sein Nest, den Kobel, hat, ist mit einem Kreuz gekennzeichnet. Die Tungusen teilen die Eichhörnchen nach der Finesse ihrer List in vier Gruppen ein.

Das Eichhörnchen a ist am listigsten. Wenn es sein Nest verläßt, macht es einen Rundgang. Am Abend geht es auf den Spuren des Morgens in umgekehrter Richtung. Der Mensch findet auf diese Weise sein Nest nicht.

Das Eichhörnchen b geht nach dem Verlassen des Kobels nicht direkt auf den Boden. Es bleibt für eine Strecke von 20-50 m zunächst auf Bäumen, steigt dann auf den Schnee ab und legt hier seine Spur. Sie ist im mittleren Teil gerade und zweigt sich an den Enden auf. Dieses Eichhörnchen ist ebenfalls sehr schlau, doch der Schnee, der bei seinem Durchgang von den Ästen fällt, kann einem geschickten Jäger die Spur verraten.

Das Eichhörnchen c gibt sich damit zufrieden, auf einen benachbarten Baum zu springen, bevor es sich auf den Boden begibt. Bei ruhigem Wetter ist es leichter als das Eichhörnchen b zu fangen. Bläst jedoch ein Wind, der den Schnee von den Ästen weht, so hat der Jäger große Mühe, dessen Nest zu finden.

Das Eichhörnchen d kennt die elementarsten strategischen Gesetze nicht. Alle seine Spuren bilden einen Stern, in dessen Zentrum der Baum mit dem Kobel liegt. Ein solches Eichhörnchen ist leicht zu fangen.

Fig. 4: Im Gänsemarsch

Im Schnee laufen rudel- oder herdenbildende Tiere oft hintereinander im

Fig. 1

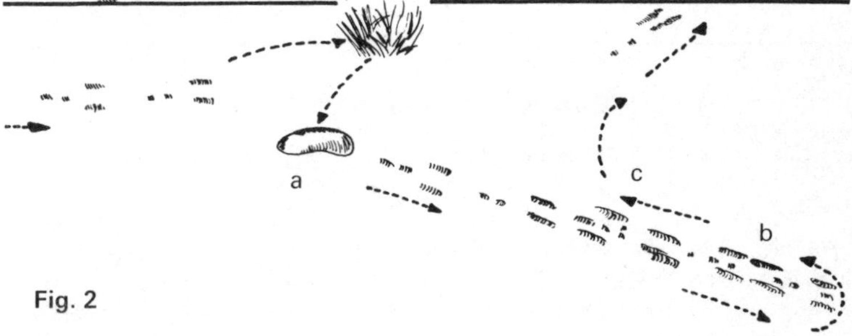

Fig. 2

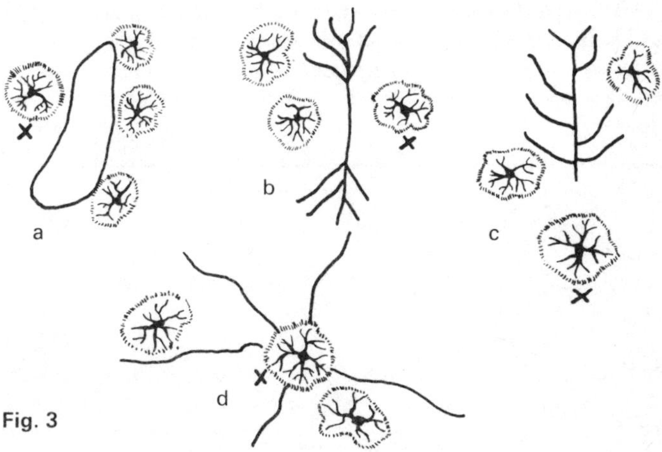

Fig. 3

Fig. 4

Gänsemarsch. Die Tiere treten dabei genau in die Stapfen ihrer Vorgänger wie die Wölfe in der Abbildung, so daß ein nicht sehr erfahrener Beobachter auf die Idee kommt, nur ein einziges Tier vor sich zu haben.

Wir verfolgen Spuren im Winter

Die verschiedenen Verhaltensweisen eines Tieres erschließen sich uns am besten im Winter. Wir folgen dazu so lange wie möglich der Fußspur eines Individuums. Langlaufskier sind dafür weniger geeignet, weil wir oft Zäune überklettern und buschige Vegetation durchqueren müssen. Dafür eignen sich aber Schneeschuhe, die man leicht auch selber herstellen kann. Sie verhindern, daß wir im Schnee einsinken. Wir zeichnen in eine Karte alle Änderungen der Gangart, alle Urin- und Kotspuren und alle sonstigen Besonderheiten ein, zum Beispiel Spuren der Jagdtätigkeit, Ruheplätze, Zusammentreffen mit Artgenossen. Mit etwas Erfahrung erhalten wir ein sehr genaues Bild vom Tagesablauf eines Wildtieres, viel genauer, als wir es jemals durch direkte Beobachtung erhalten könnten.

3

Baue, Nester und Verstecke

Das Studium der Wege und Wechsel zeigt uns, daß die Seßhaftigkeit ein hauptsächliches Verhaltensmerkmal aller unserer Säuger ist. Im Inneren ihres Territoriums halten sich die Tiere an bestimmte Stellen, um auszuruhen, sich zu verstecken, Junge zu werfen oder um zu verdauen. Außerhalb ihres engsten Territoriums haben viele Säuger nur zu bestimmten Jahreszeiten benutzte, regelmäßig verteilte Verstecke und Schlupfwinkel. Ihre Besitzer fühlen sich aber stärker an die Wechsel mit ihrem viel dauerhafteren Charakter gebunden.

Unterirdische Wohnungen

Grabende Tiere legen nicht immer selbst eine unterirdische Wohnung an. Aufgelassene Verteidigungsanlagen wie alte Schützengräben aus den zwei Weltkriegen bieten vielen Füchsen Unterschlupf. Ähnliches gilt für alte Bergwerksstollen und Fabrikanlagen. Auch Hohlräume in Müllhalden, wie sie zum Beispiel in Autowracks vorhanden sind, bieten manchmal Füchsen Unterschlupf, die auf der Deponie Ratten jagen. Häufig müssen Marder sich mit einer alten Wäschetrommel auf einer wilden Deponie als Versteck zufriedengeben, weil es in unseren allzu gepflegten und allzu aufgeräumten Wäldern keine hohlen Bäume mehr gibt. Solche Behelfsnester sind aber oft viel schlechter isoliert und viel weniger bequem als ein Erdbau, den das Tier sich selbst graben müßte. Daraus kann man aber eines lernen: Tiere bauen keine Nester, wenn sie einen ähnlich gearteten Ersatz finden, der ihre wesentlichsten Bedürfnisse erfüllt. Tiere sind Opportunisten. Das erkennt man auch an vielen Raubtieren, die nur dann auf Jagd gehen, wenn nicht genügend Aas vorhanden ist.
Ein Erdbau besteht fast niemals nur aus einem einfachen Tunnel. Seine Lage und seine Form sind das Ergebnis vielfältiger Einflüsse: dazu gehören Fak-

toren der unbelebten Umwelt (Korngröße des Bodens, Klima, Hangneigung, Orientierung des Hanges), der belebten Umwelt (Aufbau der Vegetation, Häufigkeit von Räubern, Entfernung von Gebieten, in denen Nahrung zu finden ist) und des eigenen arttypischen Verhaltens. Dieses stützt sich im wesentlichen auf angeborene Verhaltensanteile, doch individuelle Variationen und die vorhin genannten Faktoren beeinflussen in starkem Maße die endgültige Form des Erdbaues. In steinigem Boden beginnen Feldmäuse zum Beispiel den Bau eines neuen Nestes mit einer Reihe von Galerien und mit einer oder mehreren Kammern, die an der Oberfläche unter einem großen Stein liegen. Sie stellen das Parterre der zukünftigen unterirdischen Stadt dar. In durchpflügtem oder sandigem Boden hingegen gehen die Anfangsgänge einer neuen Mäusekolonie sofort fast senkrecht in den Boden.
Die Erdbauten, welche verwilderte Hunde graben, zeigen deutlich die angeborene Komponente der Grabtätigkeit. Sie machen gewöhnlicherweise Gebrauch von Dachsbauen, von Konstruktionen des Menschen oder suchen den Schutz von Sträuchern. Im französischen Massif Central haben Jäger ganze von verwilderten Hunden angelegte Erdbaue ausgegraben. Die Rückkehr zum wilden Leben des Wolfes, ihres Vorfahren, hat das ursprüngliche Grabverhalten, das von der Domestikation unterdrückt wurde, wieder ans Tageslicht gebracht.
Bei sozial lebenden Tieren wie den Dachsen können die Baue verschiedener Familien durch Gänge miteinander verbunden sein. Im Laufe vieler Generationen wird der Bau zu einem immer komplexeren Labyrinth. Der eben gegrabene Dachsbau hat nur einen Eingang, und die Röhre endet blind in einem erweiterten Kessel. Am Ende vieljährigen Grabens hat der Bau ungefähr zehn Einschlupflöcher, während der ursprüngliche Kessel nur noch einen Kreuzungspunkt von Tunnels darstellt, die zu den Schlafplätzen und den eigentlichen Nestern führen. Gewisse Baue, die offensichtlich schon seit Jahrhunderten bewohnt werden, zählen bis 80 Einschlupflöcher, und ihre Röhren umfassen ein Gebiet mit einer Seitenlänge von über 100 m. Andere Tierarten des Waldes nehmen einzelne verlassene Teile von Dachsbauen in Besitz, und so wohnt der Dachs häufig mit dem Fuchs, der Wildkatze oder sogar dem Wildkaninchen und mit Kleinnagern zusammen. Es fällt dann oft nicht leicht zu bestimmen, welche Tierart gerade einen Bau bewohnt.
Der russische Naturforscher Formosov hat über zehn Jahre hinweg die Entwicklung eines solchen Erdbaus beobachten können. Erst bewohnte ihn ein einzelgängerischer Dachs, dann kamen nacheinander eine Fuchsfamilie, Iltisse, eine verwilderte Hündin, darauf wieder ein Dachs, anschließend ein Hermelin, eine Wildkatze, ein Fuchs und schließlich wieder ein Dachs!
Größe und Form des Einschlupfloches stellen eines der wichtigsten Bestimmungsmerkmale für die Bewohner von Erdbauen dar:

– Kleine Mäuse: 2,5-3,5 cm
– Große Mäuse wie Schermäuse: 5 cm
– Maulwurf: 4-6 cm, Loch leicht oval
– Wanderratte: 6-8 cm
– Hamster: 6-9 cm, Boden flach
– Iltis, Wildkaninchen: 10-12 cm
– Bisamratte: 15 cm
– Murmeltier: 16-18 cm
– Fuchs: 20-25 cm, Boden flach
– Dachs: 25 cm, Boden furchenartig in Form eines V vertieft.

Regeln für das Verhalten in der Natur
Ein kleiner Natur-Knigge

– Land- und forstwirtschaftliche Pflanzungen und Anlagen müssen wir respektieren. Bevor wir zu graben anfangen oder andere größere Eingriffe vornehmen, bitten wir den Verantwortlichen oder den Besitzer um Erlaubnis.
– Zur Zeit, da die Tiere ihre Jungen zur Welt bringen und aufziehen, dringen wir nicht in Unterholz, in Gehölze und Schilfgebiete ein. Außerhalb gekennzeichneter Wege bewegen wir uns im Gänsemarsch, um selbst so wenige Spuren wie möglich zurückzulassen.
– Auf keinen Fall berührt man Jungtiere, selbst wenn es uns erscheint, sie seien in Schwierigkeiten. Man nimmt auch kein verletztes oder anscheinend krankes Tier in die Hand. Es besteht dabei unter anderem die Gefahr, daß wir uns eine Infektionskrankheit zuziehen wie Tollwut, Tularämie oder Toxoplasmose.
– Umgedrehte Steine werden wieder an ihren Ort gerückt. Ebenso verstopfen wir Löcher, die wir selber gegraben haben, und nehmen wieder alles mit, was wir für unsere Experimente brauchten.
– Kadaver und Losung nur mit Gummihandschuhen anfassen.
– Wenn wir einer Spur folgen, sollten wir uns immer wieder umdrehen und uns vergewissern, wie das Gelände auf dem Rückweg aussieht. Wir sollten auch lernen, auf dem Rückweg unseren eigenen Spuren zu folgen. Das ist der sicherste Weg, um sich nie im Wald zu verirren.

Tafel 13: Erdbaue

Fig. 1: Wichtige Elemente eines Wohnbaus
Der Eingang kann eine senkrechte Röhre (a), in Hanglage auch eine waagrechte Röhre (a') darstellen. Baumwurzeln oder ein großer Stein schützen ihn davor, von Regenwasser ausgewaschen und erodiert zu werden. Beim Graben drückt das Tier die lockere Erde in die Wand der Röhre und verbessert dadurch die Abdichtung gegenüber fließendem Wasser. Ist die Erde zu hart, wird sie nach draußen gebracht. Dadurch entsteht ein Abfallhaufen (c), den zu untersuchen sich die Mühe lohnt (siehe auch Arbeitsanleitung auf S. 62). Auf der eingeebneten Oberfläche des Erdhaufens nehmen die Tiere Sonnenbäder oder spielen. Auf das Einschlupfloch folgt sofort eine Erweiterung (d), in deren Schutz sich das Tier eine Zeitlang aufhält und die Umgebung beobachtet, bevor es den Bau verläßt. Als Kessel (n) bezeichnen wir die Erweiterung einer Röhre, von der weitere Gänge ausgehen. In einem größeren Bau können wir weitere Kammern finden, die fast so groß wie der Kessel werden. Gewisse Tunnel dienen als Notausgänge (p), andere haben die Aufgabe, Frischluft heranzuführen (Luftröhren, o). Ihr Eingang wird meist von den Zweigen eines Strauches verdeckt. Bisamratten und Biber häufen zu diesem Zweck Zweige und Äste an.
Große Kessel und Speicherkammern sind typische Merkmale für die Baue kleiner Nagetiere. Sie können einen integrierenden Bestandteil (g) des ganzen Gangsystems bilden oder in einiger Entfernung dazu angelegt sein. Bisweilen werden selbstgegrabene Unterschlupfröhren (s) zu provisorischen Speicherkammern umfunktioniert. Nicht verwendete Röhren werden von frisch ausgeworfener Erde verschlossen oder dienen als Kotplätze (l). Das Murmeltier gräbt dazu Nebengalerien oder kleine eigene Baue. Im Sommer gibt der Dachs seinen Kot in der Nähe des Baus in kleine Vertiefungen (l') ab.

Fig. 2: Schnitte durch Murmeltierbaue
Murmeltiere graben drei Arten von Bauen. Die ersten reichen nur wenig in die Tiefe und liegen über das ganze Territorium verstreut, das die Tiere im Sommer besetzt halten. Es handelt sich um kleine etwa 50 cm lange Notverstecke, die oft unter einem Felsblock liegen (a). Der Sommerbau wird von einer Familie oder von einem Jungtier bewohnt, das im Jahr zuvor auf die Welt gekommen ist (b). In den zahlreichen Sackgassen geben die Tiere ihren Kot ab. Der Winterbau (c) kann durch Vergrößerung des Sommerbaus entstehen oder in dessen Nähe errichtet werden. Es handelt sich um eine 8-15 m lange Röhre, die 2-3 m tief in den Erdboden reicht. Sie führt zu einem großen Kessel, der mit Heu ausgepolstert wird. Hier verbringen die Murmeltiere 6-7 Monate während der kalten Jahreszeit. Ein Kessel kann bis 15 Individuen enthalten. Einige Meter vom Eingang entfernt bauen die Tiere eine kurze Nebenröhre, deren Erde sie dazu verwenden, den Eingang ins Innere des Baues auf einer Länge von 1-2 m kurz vor dem Winterschlaf zu verstopfen. Der Nebengang dient als Losungsplatz während des Winterschlafes.

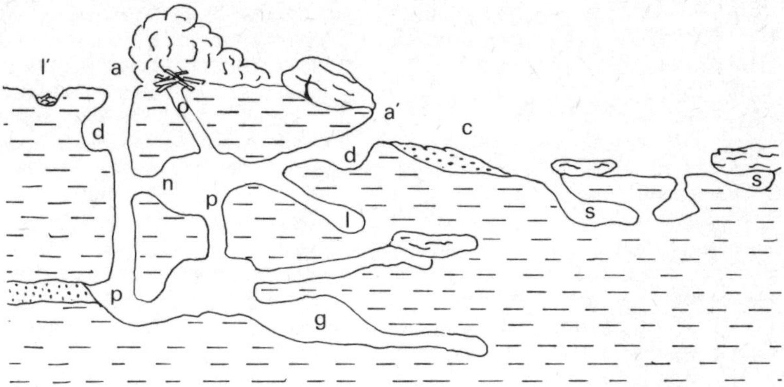

Fig. 1

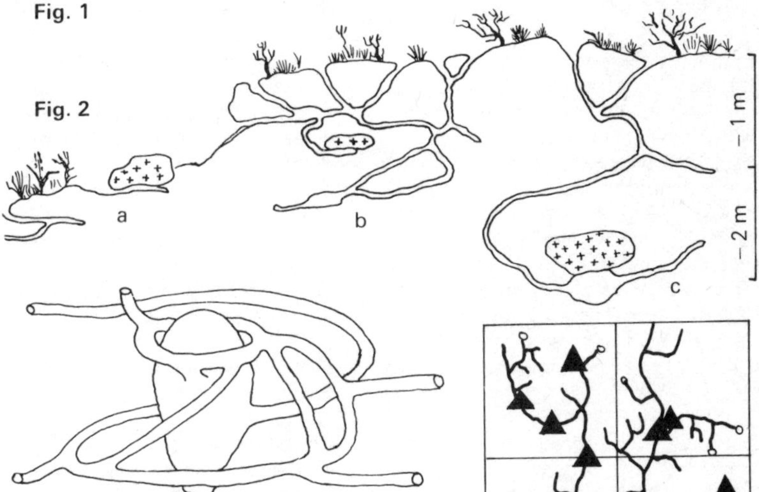

Fig. 2

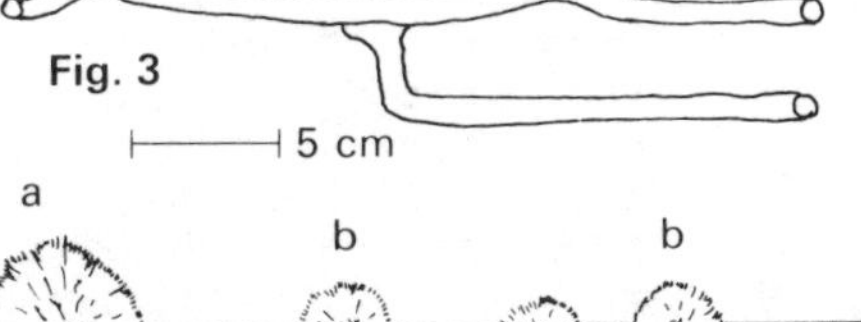

Fig. 3

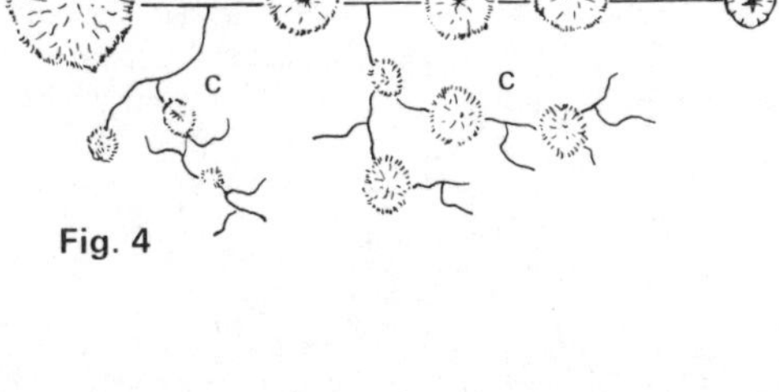

Fig. 4

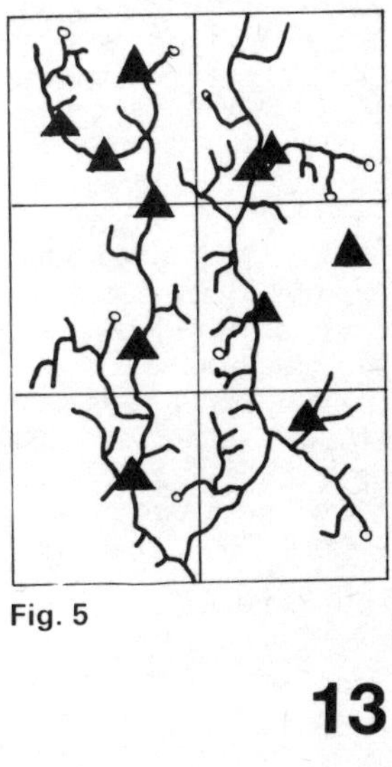

Fig. 5

Sofort nach dem Aufwachen schaffen die Murmeltiere ihre Losung und die gebrauchte Streu ins Freie.

Fig. 3: Bau des Maulwurfs
Wenn wir den Bau eines Maulwurfs *(Talpa europaea)* vorsichtig öffnen, so finden wir mehrere Röhren mit einer ganz bestimmten Bedeutung: sie besorgen nämlich eine kräftige Ventilation des Nestes. Der Maulwurf hat einen stark erhöhten Stoffwechsel und braucht dauernd frische Luft, selbst wenn er ruht. Ein Tunnel führt zu den Notausgängen und entwässert den Bau.

Fig. 4: Maulwurfshaufen
Die sehr großen Maulwurfshaufen, die oft unter einem Busch liegen, geben meist die Stelle des eigentlichen Nestes an. Dieser stellt den Fixpunkt dar, anhand dessen sich der Maulwurf in seinen Gängen orientiert. Gewisse Gänge führen ins Jagdgebiet und sind ziemlich beständig. Sie werden von den Maulwürfen unterhalten und dienen oft mehreren Individuen. Die Maulwurfshaufen über ihnen sind rund und mehr oder minder geradlinig angeordnet (b). Der Maulwurf bewegt sich in diesen Gängen so schnell wie ein Mensch mit Marschgeschwindigkeit. Die kleinen unregelmäßig geformten Maulwurfshaufen, die oft gruppen- oder fleckenweise angeordnet sind (c), geben den Verlauf der Jagdgänge an.
Um sein Futter zu finden, gräbt der Maulwurf jeden Tag Jagdgänge mit einer Länge bis zu 20 m. Er sucht vor allem Regenwürmer – sie machen 90 Prozent seiner Nahrung aus – und folgt ihnen deswegen bei ihren vertikalen Wanderungen im Lauf der Jahreszeit. Wenn die Würmer durch das Eggen und Walzen oder den Laubfall im Herbst, gefolgt von Regenfällen, in die obersten Erdschichten steigen, legen die Maulwürfe auch ihre Gänge knapp unter der Erdoberfläche an. Die ausgeworfene Erde bildet dann geradlinige, bisweilen sich aufzweigende Stränge auf der Erdoberfläche. In lockerem Boden wirft der Maulwurf keine Erde aus, sondern drückt sie an den Wänden seiner Gänge fest. Wenn dies in einigen Zentimeter Tiefe geschieht, ist von außen her der Gang nicht auszumachen. Einschlupföffnungen in den Bau sind nur wenige zu sehen, da der Maulwurf sie verschließt. Sie liegen stets im Zentrum eines Erdhaufens, im Gegensatz zu den Gängen der Schermaus (*Arvicola terrestris*), deren Erdhaufen denen der Maulwürfe ähnlich sehen. Bei der Schermaus sind die Einschlupflöcher unabhängig von den Erdhaufen, und in ihrer Nähe bemerkt man oft abgenagte Grasbüschel.

Fig. 5: Jagdgänge eines Maulwurfs
Wenn der Boden homogen ist und wenig Steine enthält, kann man das Beutefangverhalten des Maulwurfs studieren, indem man seine oberflächlichen Jagdgänge öffnet. Ihren Verlauf zeichnen wir dann auf kariertes Papier ein. Die Gänge auf dieser Skizze nehmen eine Oberfläche von 6 qm ein. Die Kreise bezeichnen einen Abstieg in das tiefere Stockwerk, während die Dreiecke die Lage der Maulwurfshaufen wiedergeben.

Dachs oder Fuchs: welches Tier bewohnt den Bau?

(Nach Jean-Baptiste Schweyer, verändert)

Dachs	Fuchs
Großer Haufen ausgeworfener Erde vor dem Einschlupf.	Kaum ein Erdhaufen – und gar keiner, wenn der Fuchs den Bau gegraben hat: er drückt die Erde an den Wänden fest oder verteilt sie im Innern.
Durch das andauernde Hin- und Hergehen entsteht am Eingang eine tiefe V-förmige Furche.	Keine solche Auskehlung vor dem Eingang, weil der Fuchs weniger kräftig auftritt.
Vom Bau gehen sehr deutliche lange Wechsel aus, denen der Dachs treu bleibt.	In der Nähe des Baus sind kaum oder überhaupt keine Wechsel zu erkennen.
Zahlreiche deutliche Fußspuren.	Fußspuren nur wenig deutlich.
Auf den Wechseln oder in der Nähe des Baus findet man oft Reste von Heu oder Streu.	Keine solche Reste.
Keinerlei Nahrungsreste in unmittelbarer Nähe des Baus.	Häufig Nahrungsreste am Eingang, vor allem, wenn Jungtiere da sind.
Keine Losung in der Nähe des Baus. Der Dachs gibt sie in kleine selbstgebaute Vertiefungen ab.	Der Fuchs gibt oft seinen Kot in der Nähe des Einschlupfloches ab und bespritzt ihn noch mit Harn, um das Territorium zu markieren.
Kein besonderer Geruch am Einschlupfloch.	Mehr oder minder deutlicher Moschusgeruch am Eingang spürbar.
Bäume in der Umgebung bis in eine Höhe von 1,40 m mit Kratzspuren.	Keinerlei Kratzspuren auf Baumstämmen.
Deutliche Spielspuren vor dem Eingang.	Kaum Spielspuren, da die Fuchsjungen sich weiter herumtreiben.

Fig. 1: Schnitt durch ein Feldmausnest

Der Erdbau stellt eine Barriere für klimatische Schwankungen dar und gewährleistet damit das Überleben seiner Bewohner auch unter extremen Bedingungen. Dieses Feldmausnest *(Microtus arvalis)* hat zwei Kammern, die übereinanderliegen. In der oberen Kammer profitieren die Tiere von der Morgensonne und am Abend von der gespeicherten Wärme. Die tiefergelegene Kammer schützt sie vor der Kälte und vor zu großer Wärme am Mittag.

Kleine Nager, bauen ihre unterirdischen Städte ähnlich wie die Raubtiere: am Anfang steht eine einfache Röhre, die am Ende blind in einen erweiterten Kessel mündet. Dann werden Nebeneingänge und weitere Gänge um den alten Kessel herumgegraben.

Fig. 2: Schnitt durch ein Hamsternest

Um der Kälte zu entkommen, graben sich viele Nagetiere tief in den Boden ein, der Hamster zum Beispiel über einen Meter tief. Sein Bau setzt sich aus senkrechten Notausgängen, einer schrägen Eingangsröhre, einer oder mehreren gepolsterten Kammern, aus Kotplätzen und umfangreichen Speichern zusammen, die mehrere Dutzend Kilogramm Getreide enthalten können. Alte, nicht mehr gebrauchte Gänge oder Kotplätze werden mit Erde verschlossen.

Fig. 3: Schnitt durch einen Kaninchenbau

Im Vergleich mit kleinen Nagetieren erscheint der Bau des Wildkaninchens sehr einfach. Er setzt sich aus einer oder mehreren Einschlupfröhren zusammen, die meist zu ein und derselben Kammer führen. Wie beim Dachs bauen aufeinanderfolgende Generationen aber ein dichtes Labyrinth, bei dem Sackgassen nur noch selten vorkommen. Das Weibchen verwendet für die Geburt ihrer Jungen nicht den allgemeinen Erdbau, sondern es gräbt sich eine einfache, am Ende erweiterte und mit Heu ausgekleidete Röhre. Sie besucht ihre Jungen einmal am Tag und verschließt danach die Einschlupföffnung mit Erde. Diese Vorsichtsmaßnahme nützt aber nicht immer, denn Dachs wie Wildschwein nehmen den Geruch der Jungtiere durch die Erde hindurch wahr. Sie graben dann einen senkrechten Kanal, ohne den Eingang in die Setzröhre zu suchen.

Fig. 4: Schnitt durch ein Steinmardernest in einem Heuhaufen

Steinmarder graben kaum in der Erde. Sie verstecken sich in Scheunen und legen sich Gänge im Heu. Der abgebildete Heuhaufen (nach Waechter, La Terre et la Vie, Bd. 29) beherbergte drei Nester.

Fig. 5: Schnitt durch einen Erdbau des Bibers

Die Biberburg stellt wohl die berühmteste Wohnung eines Säugetiers dar. Die Mehrzahl der europäischen Biber lebt aber in Erdhöhlen, deren Eingangsöffnungen allerdings unter dem Wasserspiegel liegen. Anschließend daran befindet sich eine Plattform zum Trocknen des Fells. Sind die Tiere ungestört, so bauen sie gelegentlich darüber aus Ästen und

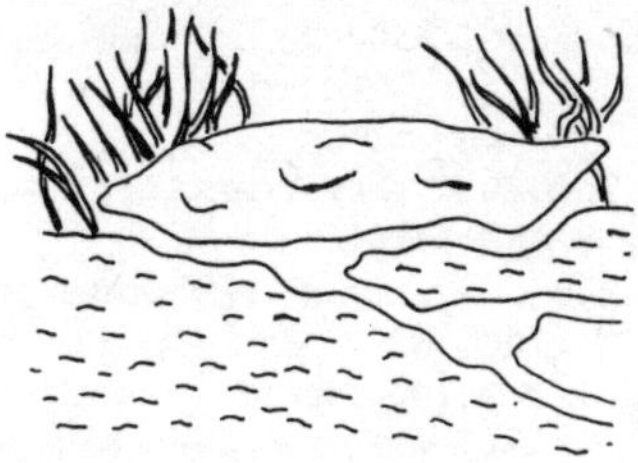

Fig. 1 20 cm

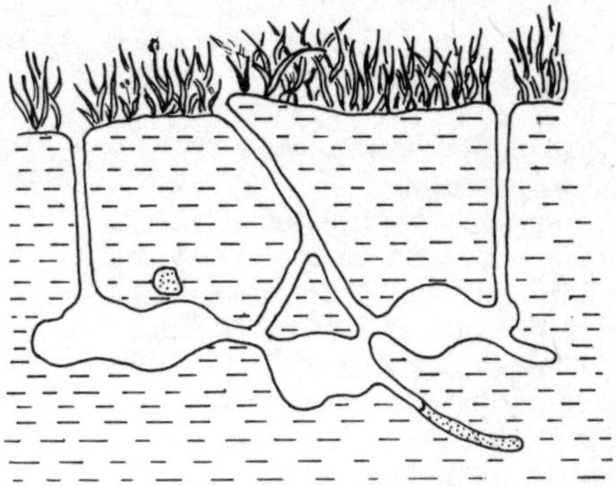

Fig. 2

25 cm

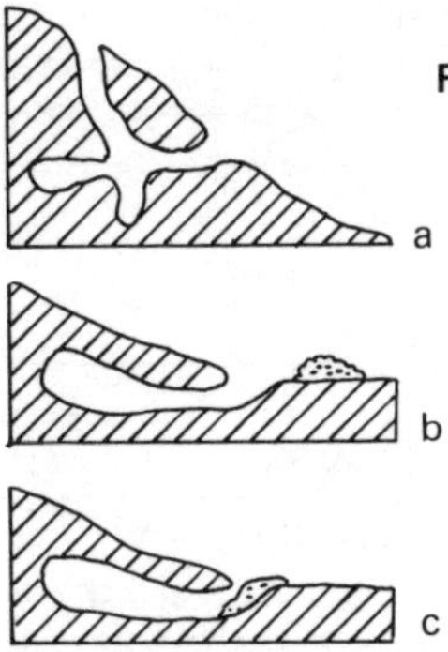

Fig. 3 1 m

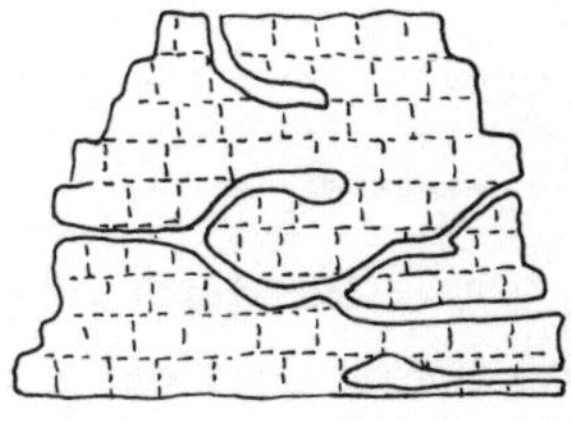

Fig. 4 1 m

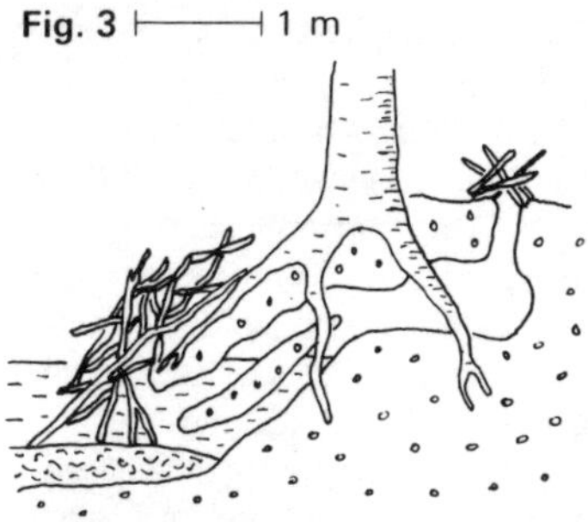

Fig. 5 1 m

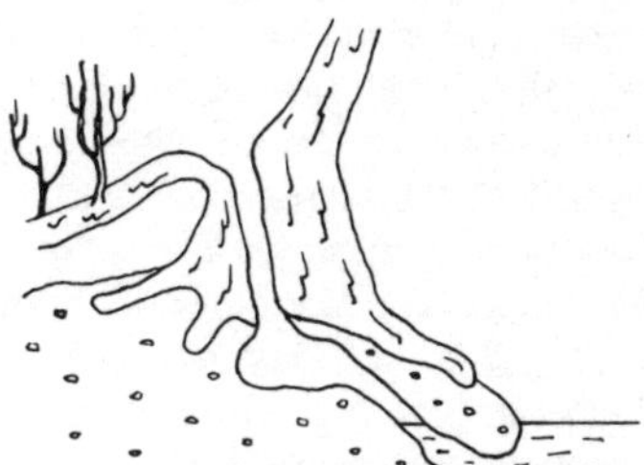

Fig. 6 50 cm

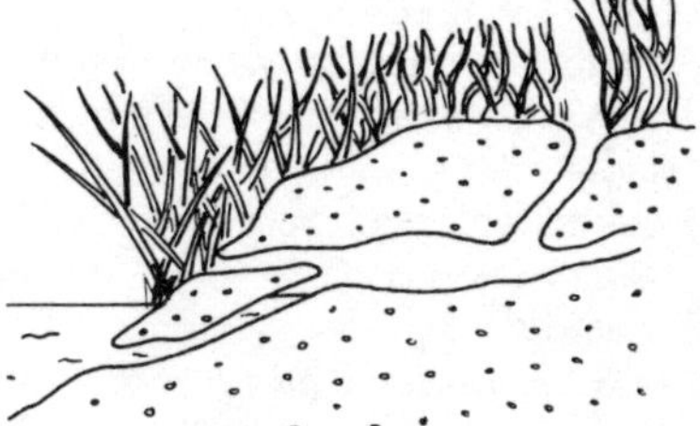

Fig. 7 20 cm

Zweigen eine richtige Burg. Diese stellt im ursprünglichen Sinn auch einen Nahrungsspeicher dar.

Fig. 6: Schnitt durch einen Bisamrattenbau
Das abgebildete Nest befand sich zu Füßen einer alten Weide. Ein Ausgang führte unter den Wasserspiegel, der andere wurde im Innern des Baumstammes gegraben bis zur Höhe eines großen Astes, der wieder auf die Erde zurückführte. Die Bisamratte untergräbt mit ihren Bauen die Böschungen von Teichen und Kanälen und kann erhebliche Schäden anrichten, zum Beispiel durch das Auslaufen von Fischteichen.

Fig. 7: Schnitt durch den Bau einer Wasserspitzmaus
Die Wasserspitzmaus (*Neomys fodiens*) gräbt ihren Bau an Uferböschungen selbst oder übernimmt Nester des Maulwurfs oder kleiner Nagetiere, wobei sie die Gänge so verlängert, daß sie unter den Wasserspiegel münden. Die Einschlupflöcher oberhalb des Wasserspiegels dienen ihr für die Jagd auf festem Boden.

Der Bau: eine klimatisierte Wohnung

Mit dem folgenden Experiment vergleichen wir die Temperatur der Bodenoberfläche mit der Temperatur in einem Erdbau. Dazu brauchen wir zwei identische, widerstandsfähige Quecksilberthermometer. Das eine befestigen wir an einem Stock, wenige Zentimeter von der Bodenoberfläche entfernt und in der Nähe des zu untersuchenden Säugerbaues. Das zweite Thermometer befestigen wir mit Heftpflaster an einem biegsamen Stab, zum Beispiel an einer flexiblen Vorhangstange. Wir führen dieses Thermometer dann so tief wie möglich – mindestens 30 cm – in den Bau ein. In regelmäßigen Abständen, tagsüber wie nachts, lesen wir die Temperaturen beider Thermometer ab, wobei darauf zu achten ist, daß wir das zweite Thermometer immer genau gleich tief in den Bau schieben.
Wir zeichnen die Meßdatenpaare auf Millimeterpapier in ein Koordinatensystem ein, wobei wir auf die x-Achse die Zeit und auf der y-Achse die Temperatur eintragen. Schließlich verbinden wir die entsprechenden Punkte und erhalten zwei Kurven, die sich leicht vergleichen lassen. Wir können den Versuch im Winter bei hoher Schneedecke wiederholen. In dieser Zeit halten sich die kleinen Nagetiere an der Bodenoberfläche, dicht unter der Schneedecke auf. In beiden Fällen stellen wir fest, daß die Erde wie der Schnee die Temperaturextreme dämpfen. Die kleinen Nagetiere leben also in einem ausgeglichenen Mikroklima ohne große Temperaturschwankungen.

Lager und Nester von Säugern

Die hirschartigen Tiere bringen an ihren Lager- und Ruhestellen keinerlei Veränderungen an, mit Ausnahme des Rehs, das den Boden gelegentlich mit seinen Vorderhufen aufkratzt. Das Ruhelager des Feldhasen, die Sasse, stellt eine natürliche Vertiefung dar, die das Tier manchmal noch etwas ausbaut. Den Kessel der Bache können wir schon fast als Nest bezeichnen. Es handelt sich um eine Mulde, die das Weibchen vor dem Werfen selber scharrt und mit Ästen und trockenem Gras auskleidet. Die Nager sind die einzigen Säugetiere, die richtige Nester bauen. Sie können unter der Erde, auf der Erdoberfläche oder darüber liegen. Als Konstruktionsmaterialien dienen viele Stoffe, natürliche (Heu, Wolle, Federn) ebenso wie künstliche (Verpackungsmaterialien, Styropor). Man hat schon Rattennester gefunden, die nur aus kupfernen Telefondrähten bestanden, ganz zu schweigen von Mäusenestern aus zerkleinerten Banknoten oder Aktien usw.

Wir öffnen und gießen einen Erdbau aus

Bei dieser Arbeit müssen wir sorgfältig vorgehen, wie es die Archäologen tun: wir legen die Gänge mit einem kräftigen Messer frei. Mit einer kleinen Säge durchschneiden wir störende Wurzeln. mit einem biegsamen Stab tasten wir die Gänge ab, um den Kontakt mit ihnen im Fall eines Zusammenbrechens nicht zu verlieren. Wir sammeln Losung, Parasiten, Nahrungsreste und Streu sorgfältig ein, notieren ihre Lage auf dem Plan und bestimmen sie dann zu Hause.

Wenn wir ein Nest ausgießen, erhalten wir ein lebensgroßes Modell des Erdbaues, das wir zu Hause aufstellen können. Beim Ausgießen müssen wir aber sehr schnell arbeiten und genügend Gips und Wasser bei uns haben. Ein Feldmausnest kann bis 4 kg erfordern. Man sollte auf einmal nur kleine Gipsmengen bereiten: dient das Nest nur als Zufluchtsort, so reichen nämlich schon 500 g aus. Der Gips muß flüssig wie Speiseöl sein; das überschüssige Wasser wird ohnehin von der Erde aufgenommen. Wir durchmischen den Gips mit einem alten Schneebesen sehr gut, um die Bildung von Klumpen zu verhindern, welche die Gänge verstopfen könnten. Zur Herstellung des Gipses nimmt man am besten eine feste Plastiktüte oder ein Gefäß aus Gummi. Bevor wir den Abguß ausgraben, sollten mindestens 12 Stunden vergehen. Ist das Modell zu umfangreich, so schneiden wir es für den Transport und die Aufbewahrung in mehrere Stücke.

Tafel 15: Lager und Nester von Säugetieren

Fig. 1: Sasse des Feldhasen
Der Feldhase hat mehrere Sassen, die er nach Jahreszeit unterschiedlich verwendet. Einige werden regelmäßig aufgesucht, auch über Generationen hinweg. Es handelt sich um kleine zum Teil selbstgegrabene Mulden vor einem Hindernis, das Schutz vor dominierenden Winden bietet. Dazu reichen einige Erdschollen aus, denn der Feldhase ist imstande, sich ganz flach dem Boden anzuschmiegen.

Fig. 2: Sassen des Feldhasen
Man kann ziemlich oft zwei Sassen auf beiden Seiten einer Hecke finden. Das Tier kann dann zu jeder Tageszeit die Sonne aufsuchen. Im Sommer sind die Sassen oft vom hohen Gras vollkommen getarnt. Das hat zur Folge, daß viele Junghasen den Mähmaschinen zum Opfer fallen.

Fig. 3: Bache in ihrem Kessel
Der Kessel der Bache, also des weiblichen Wildschweins, liegt in einer natürlichen oder selbstgescharrten Mulde, geschützt vor scharfen Winden und oft in Hecken oder von den Zweigen eines Nadelbaumes verborgen. Die Bache polstert den Kessel mit Heu, Gräsern, Blättern und Zweigen aus. Sie dient den Frischlingen in den ersten drei Lebenswochen als warmer Aufenthaltsort. Der Keiler oder ein Weibchen ohne Junge begnügt sich damit, eine Mulde zu scharren und die Erde in Richtung der dominierenden Winde anzuhäufen. Bei sehr großer Kälte polstert das Männchen seinen Kessel notdürftig mit Pflanzen aus, die es ganz in der Nähe findet, während die Bache das Polstermaterial in einem Umkreis bis zu 100 Meter sucht. Sie transportiert es mit dem Maul und verteilt es dann regelmäßig im Kessel.

Fig. 4: Nest der Zwergmaus
Das Nest der Zwergmaus *(Micromys minutus)* kann es durchaus mit den bestgebauten Vogelnestern aufnehmen. Es fehlt ihm oft ein deutliches Einschlupfloch, und die zierliche Maus zwängt sich einfach durch die Wand ins Innere.
Das abgebildete Nest ist solid gebaut, an hohen Gräsern befestigt und dient der Fortpflanzung. Einfache Wohnnester sind leichter und sehen wie eine herabhängende Tasche aus, wobei Blätter der Trägerpflanzen miteinander verflochten werden. Das Ganze wird dann mit feinem Pflanzenmaterial abgedichtet. Im Winter verlassen die Zwergmäuse ihre Nester und begeben sich in Scheunen, Heustadel oder in ein Nest unter einer Wurzel.
Die Haselmaus *(Muscardinus avellanarius)*, eine nachtaktive Art, die vor allem auf Sträuchern wohnt, baut ein ähnliches Nest am Waldrand. Als Polstermaterial dienen ihr Flechten, trokkene Blätter und Rindenfasern. Die Kugel ist etwas größer als bei der Zwergmaus (8-15 cm Durchmesser bei der Haselmaus, 5-10 cm Durchmesser bei der Zwergmaus).

Fig. 5: Eichhörnchenkobel
Das berühmte Nest des Eichhörnchens, der Kobel, liegt im allgemeinen einem Baumstamm an, und dadurch unterscheidet es sich von Vogelnestern. Als Grundlage für den Bau nimmt das Eichhörnchen oft das verlassene Nest eines Rabenvogels. In solchen Fällen befindet sich das Nest

15

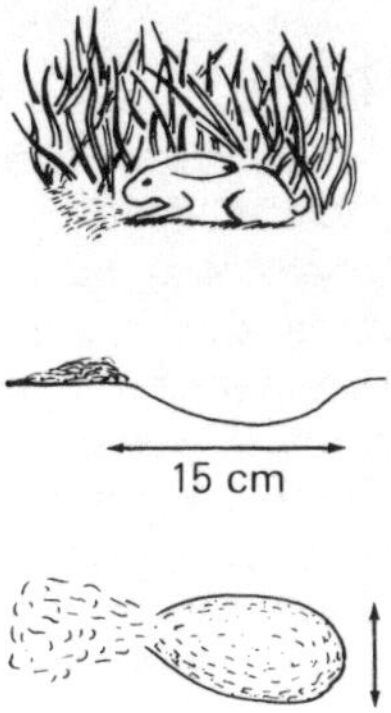

Fig. 1

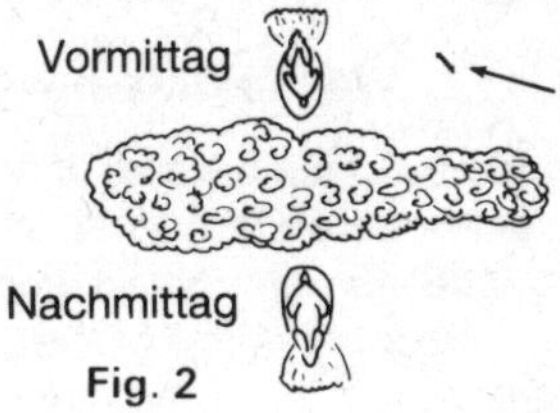

Fig. 2

Fig. 3

Fig. 4 ├──┤ 3 cm

Fig. 5 ├──┤ 10 cm

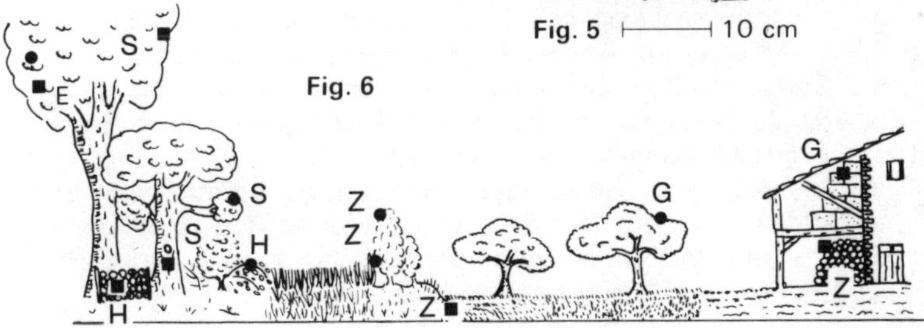

Fig. 6

Was der Maulwurf leistet

Es ist sehr aufschlußreich herauszufinden, wieviel Erde Kleinsäuger wie die Maulwürfe durch ihre unablässige Grabtätigkeit bewegen. Ideal für ein solches Experiment ist eine feuchte Wiese, wo die Maulwürfe nahe der Erdoberfläche graben und fast alle Erde aus ihren Gängen herauswerfen. Mit Hilfe eines Eimers mit einer Maßeinteilung messen wir den Inhalt der drei Typen von Maulwurfshaufen, die es gibt: über den Jagdgängen, über permanenten, d. h. dauernd bestehenden Gängen und über dem eigentlichen Kessel. Dann zählen wir die Maulwurfshaufen auf der Wiese, wiederum nach diesen drei Gruppen geordnet. Mit Hilfe dieser Daten führen wir drei Multiplikationen und zum Schluß eine Addition durch und erhalten damit die ungefähre Menge der bewegten Erde. Beim Messen mit dem Eimer sollten wir darauf achten, daß die ausgeworfene Erde nicht übermäßig zusammengedrückt wird. Eine ähnliche Rechnung kann man auch mit den Erdhaufen von Schermäusen durchführen.

Wir studieren den Bau eines mittelgroßen Säugers

Das Ziel einer solchen Untersuchung ist es, die heutigen und früheren Bewohner zu bestimmen und zu verstehen, wie sie ihre Wohnung gebaut haben und heute noch verwenden. Dazu müssen wir nach Art eines Detektivs alle möglichen Indizien sammeln: die Lage und Orientierung der Eingänge, die Vegetation in der unmittelbaren Umgebung, die Landschaftselemente, welche den Bau vor Abtragung schützen, zum Beispiel Wurzeln und Felsblöcke, die Natur des Bodens, zum Beispiel Lehm, Sand oder Schotter. Dann versuchen wir festzustellen, welche Tiere heute den Bau bewohnen. Dazu bestimmen wir den Durchmesser des Einschlupfloches und sammeln alle Indizien in dessen unmittelbarer Nähe, angefangen von Haaren, die an Büschen oder Bodenunebenheiten hängengeblieben sind, bis hin zu Fußspuren auf der ausgeworfenen Erde. Natürlich muß man zuerst sicher sein, daß der Bau überhaupt noch bewohnt wird. Man erkennt einen verlassenen Bau daran, daß Spinnen quer über die Einschlupflöcher ihre Netze bauen. Ein weiteres deutliches Zeichen dafür sind auch tote Blätter, die sich langsam in der Nähe des Einganges anhäufen. Wenn wir einen Querschnitt durch die Schutthalde eines Baues legen, werden wir verschiedene Erdschichten erkennen, die uns vom sukzessiven Bau verschiedener Gänge berichten. In den alten Schichten finden wir auch Knochen und Nahrungsreste früherer Bewohner.

weiter draußen auf den Zweigen. Das Eichhörnchen verschließt seinen Kobel von innen mit einem Moospfropfen. Besteht das Nest aus beblätterten Zweigen, so verliert es die Kugelform (Durchmesser 30 cm) wie in der Abbildung und wird deutlich größer.

Fig. 6: Verteilung der Sommernester und der Winternester baumbewohnender Nagetiere
E: Eichhörnchen, S: Siebenschläfer, G: Gartenschläfer, H: Haselmaus, Z: Zwergmaus.

Nester und Eier von Vögeln

Das Vorhandensein eines Nestes ist eine überdeutliche Spur der betreffenden Vogelart. Die Eier, die wir im Nestgrund sehen, lassen uns vermuten, daß der Vogel bald zurückkommt. Selbst wenn wir ein solches Nest auch nur betrachten, ist doch größte Vorsicht am Platze. Zunächst sollte man sich niemals mehr als einige Minuten an der betreffenden Stelle aufhalten – das gilt auch für Tierfotografen! – und nichts berühren. Unser Verhalten, unsere Gerüche und mögliche, auch nur geringfügige Störungen in der Vegetation können nämlich Raubtiere anlocken, die dann natürlich das Vogelnest entdecken. Auf diese Weise setzen wir den Erfolg der Fortpflanzung, ja auch das Leben der fortpflanzenden Eltern aufs Spiel.
Wenn wir ein Nest mit Eiern entdecken, müßte es uns eigentlich gelingen, die betreffende Art zu bestimmen. Dazu ist der folgende Schlüssel da. Er berücksichtigt Biotop und Umwelt, Größe des Nestes und Nistmaterialien, den Zeitpunkt der Eiablage, Anzahl, Größe, Form und Farbe der Eier. Wenn wir im Mai in der Verlandungszone, aber noch in 30-40 cm tiefem Wasser ein Schwimmnest aus kleinen Zweigen entdecken, das einen Durchmesser von fast einem Meter erreicht und vier große blaugrünliche Eier enthält, so kann man darauf warten, daß früher oder später ein Purpurreiher vorbeikommt. In einem insgesamt ähnlichen Nest mit gleichgroßen, doch einfarbig weißen Eiern wird eine Rohrweihe auftreten. Gewisse sehr spezialisierte Arten pflanzen sich immer in derselben Umwelt fort und nutzen dieselben Biotope. Dann werden auch die Nistmaterialien und die Konstruktionsweise eine gewisse Einheitlichkeit zeigen. Demgegenüber sind Ubiquisten, also Arten, denen man in den unterschiedlichsten Biotopen begegnen kann, sehr plastisch in der Wahl der Materialien und der Bauweise.
Die Verhältnisse, die im folgenden Bestimmungsschlüssel zum Ausdruck kommen, unterliegen allerdings Variationen. Die angegebenen Lebensräume sind die Lieblingsbiotope der betreffenden Art. Gewisse Faktoren können aber den Vogel dazu bewegen, einen weniger günstigen Lebens-

raum aufzusuchen, sei es, weil der gesuchte Lebensraum nicht vorhanden ist, oder sei es, weil ihn schon andere Individuen derselben Art besetzt halten. Gewisse, besonders konstruierte Nester sind allerdings nicht zu verwechseln. Das gilt zum Beispiel für das Elsternnest mit seiner Kuppel aus Zweigen, die ofenartigen Nester der Laubsänger in Bodennähe, die mehr oder minder kugelförmigen Nester der Wasseramsel, des Zaunkönigs und der Schwanzmeise. Man muß sich genau aufschreiben, welche Materialien im Innern des Nestes verarbeitet wurden: kleine schüsselförmige Nester, wie wir sie am häufigsten antreffen, sind mit feinen Pflanzenfasern oder Spinnweben ausgekleidet. Andere enthalten Daunen oder Schwungfedern. Einfache Beobachtungen dieser Art erlauben es, zwei Arten auseinanderzuhalten, die sonst ziemlich ähnliche Eier legen.
Die Anzahl der Eier schwankt nur innerhalb verhältnismäßig geringer Grenzen. Die meisten Watvögel legen vier Eier und ordnen sie kreuzweise an, wobei das spitzere Ende nach außen gerichtet ist. Die Turteltaube legt im allgemeinen zwei weiße Eier auf einer zerbrechlichen Plattform aus Ästen ab. Schließlich sind auch einzelne Eier nicht selten, besonders bei den großen Raubvögeln.
Die Färbung der Eier ist in vielen Fällen dermaßen variabel, daß man sie kaum als Bestimmungsmerkmal verwenden kann. Das Fehlen oder Vorhandensein von Flecken läßt schon weitergehende Schlüsse zu.
Die Eigröße stellt ein wichtiges Merkmal für die Bestimmung der Art dar. Es sei hier aber entschieden davon abgeraten, lebende Eier in die Hand zu nehmen und zu manipulieren.
Alle genannten Merkmale führen uns schließlich zur Bestimmung der Art. Es sei noch einmal mit Nachdruck wiederholt: Wer ein Nest mit Eiern entdeckt, entferne sich so schnell wie möglich und warte gut getarnt die Rückkehr der Vogeleltern ab, um die vorläufige Bestimmung der Eier bestätigt oder widerlegt zu erhalten.

Zur Benutzung des Schlüssels

Die fünf großen Lebensräume unserer europäischen Vögel werden in der Grafik auf der rechten Seite in zahlreiche Biotope aufgelöst. Im Innern dieser jeweiligen Biotope sind die verschiedenen Nester nach der zunehmenden Größe ihrer Eier angeordnet. Sie steht im allgemeinen, aber nicht immer, mit der Körpergröße des Vogels in Zusammenhang.
Fällt es schwer, eine Wahl zu treffen zwischen zwei oder drei möglichen Vogelarten, so bleibt nichts anderes übrig, als ein Bestimmungsbuch zu Rate zu ziehen und auch die Verbreitung der betreffenden Arten zu überprüfen.

△ Schälschäden *▽ Vom Fuchs geplündertes Rebhuhnnest*

Binnenland

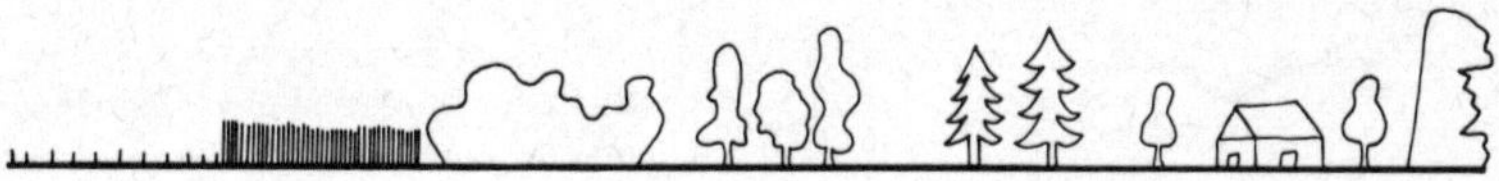

Gewässerufer

Gebirge

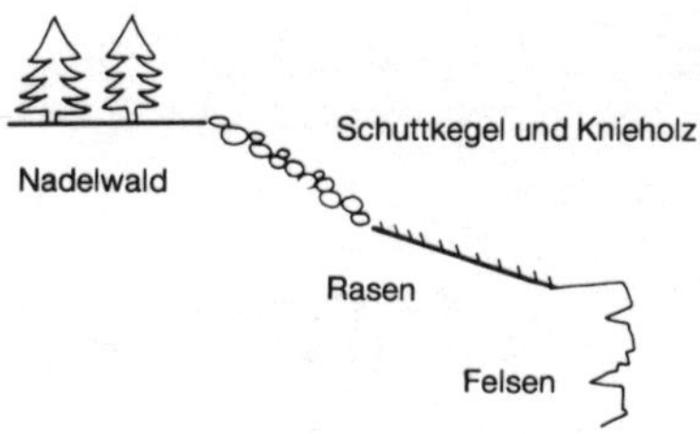

Mittelmeergebiet

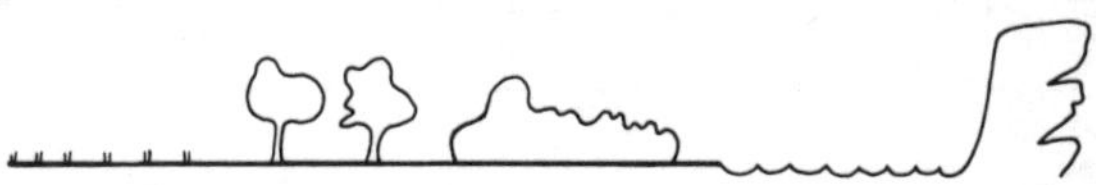

Meeresküste

Δ *Spinnennetz mit Tautröpfchen* ∇ *Kartonnest von Wespen*

Die unterschiedlichen Nestformen

Das einfachste Nest ist im allgemeinen eine Vertiefung im Gras oder eine Mulde im Schotter, bisweilen symbolisch geschmückt von einigen Muschelschalen oder Zweigen.

Dasselbe, Inneres jedoch mit Daunen oder Federn gepolstert.

Becherförmiges Nest, oft im Schutze eines Grashorstes oder unter einem Strauch.

Ofenförmiges Nest in der Vegetationsschicht. Die Kuppel versperrt den Blick auf das Gelege oder das brütende Elterntier.

Schwimmende Plattform aus gesammelten und miteinander verflochtenen Wasserpflanzen.

Becherförmiges Nest aus Binsen oder Riedgräsern; es liegt auf einem Horst aus den gleichen Pflanzen.

Becherförmige Konstruktion aus Zweigen, bei größeren Arten bisweilen auch aus dickeren Ästen.

Dasselbe, nur mit einer Kuppel aus Zweigen haubenförmig überdacht.

In weichen Boden gegrabenes Nest unterschiedlicher Tiefe. Die Zahlenangaben für den Durchmesser des Nestes beziehen sich auf den Durchmesser der Röhre.

Becherförmiges Nest, meist in Astgabeln von Sträuchern oder Bäumen, gebaut aus trockenen krautigen Pflanzen.

Dasselbe, doch von einem überhängenden Felsen oder von Dachziegeln geschützt.

Sehr tiefes becherförmiges Nest, das an Schilfpflanzen befestigt ist.

Wiegenförmiges Nest, das von einer Astgabel herabhängt.

Beutelförmiges Nest, das von der Spitze eines Zweiges herabhängt.

Kugelförmiges Nest, im allgemeinen in Astgabeln von Sträuchern oder Bäumen. Als Materialien werden Flechten, Moos, Daunen und Spinnweben verwendet.

Nest aus pflanzlichem oder sonstigem organischem Material, das mit Speichel verklebt wird.

Kleiner Krater aus getrocknetem Schlamm.

Ursprünglich von einem Specht geschaffene Baumhöhle. Sie wird von allen Höhlenbrütern gerne genommen und gegebenenfalls nach eigenen Bedürfnissen hergerichtet. Die Angaben über die Größe des Nestes beziehen sich auf den Durchmesser des Flugloches.

Natürliche Höhlung in einem Baum, auch unter bestimmten Rindenauswüchsen.

Brutzeit (Monat)	Ø Nest (in cm)	Nistmaterial	Mittlere Eizahl	Eigröße in mm	Farbe des Eies	Vogelart

Binnenland

5-6	15-20	keines	2-3	52 x 39	oliv, gefleckt	Zwergtrappe
5-6	–	keines	2	54 x 39	gelblich, gefleckt	Triel

5-6	7-8	Haare	4-5	20 x 16	bläulich gefleckt	Ortolan
4-5-6	8-9	Haare	4-5	21-16	grau, gefleckt	Brachpieper
5-6-7	9-10	Haare, Wolle Federn	5-6	21 x 16	bläulich	Steinschmätzer
3-4-5-6	8-9	Wolle, Haare Federn, Pflanzen	3-4	22 x 16	grau, gefleckt	Heidelerche
4-5-6	8-9	Haare	3-5	23 x 17	weißlich, gefleckt	Haubenlerche
5-6-7	10-15	Wolle, Haare	4-5	23 x 18	bräunlich, gefleckt	Grauammer
4-5-6	8-9	Haare	3-4	24 x 17	grau, gefleckt	Feldlerche

Brutzeit (Monat)	Ø Nest (in cm)	Nistmaterial	Mittlere Eizahl	Eigröße in mm	Farbe des Eies	Vogelart

3-4-5-6	8-9	Haare, Federn	5-6	19 x 14	bläulich, gefleckt	Schwarzkehlchen

5-6	10-12	keines	7-15	30 x 23	gelblich, gefleckt	Wachtel
4-5	20-25	abgefallene Blätter	9-15	36 x 23	braun-oliv	Rebhuhn
5-6	12-15	Blätter	8-12	37 x 27	grau, gefleckt	Wachtelkönig

4-5-6-7	10-12	Wolle, Haare, Daunen, Fasern	4-5	18 x 13	bläulich, gefleckt	Hänfling
5-6	9-10	Haare	4-5	18 x 13	weiß, gefleckt	Klappergrasmücke
5-6	9-10	Haare, Spinnweben	4-5	19 x 14	blaugrün, gefleckt	Dorngrasmücke
4-5-6	7-8	Haare, Spinnweben	3-4	19 x 14	grau, gefleckt	Provencegrasmücke
5-6	9-10	Haare, Spinnweben	5-6	20 x 15	rosa, gefleckt	Mönchsgrasmücke
4-5-6-7	11-12	Haare, Daunen, Wolle, Moos	4-5	20 x 15	blau	Heckenbraunelle
5-6-7	13-15	Haare, Stroh	3-4	21 x 16	bläulich, gefleckt	Zaunammer
4-5-6-7	10-12	Haare	3-5	22 x 15	bläulich, gefleckt	Goldammer
5-6	15-17	Gräser, Moos	5-6	23 x 17	grünlich, gefleckt	Neuntöter

Brutzeit (Monat)	Ø Nest (in cm)	Nistmaterial	Mittlere Eizahl	Eigröße in mm	Farbe des Eies	Vogelart

4-5-6	7-9	Haare, Moos	5-6	19 x 15	weiß, gefleckt	Rotkehlchen
5	7-8	Blätter, Haare, Moos	4-5	21 x 16	graugrün, gefleckt	Nachtigall

3-4-5	8-9	Flechten, Moose, Haare, Federn	7-12	14 x 11	weißlich, gefleckt	Schwanzmeise
4-5-6-7	10-13	Federn, Moos	5-7	16 x 12	weiß, gefleckt	Zaunkönig

5-6	7-8	Pflanzen-material	4-5	17 x 13	blau, gefleckt	Birkenzeisig
5-6-7	7-8	Wolle, Haare	4-5	18 x 13	bläulich, gefleckt	Stieglitz
5-6-7	9-11	Moos, Flechten, Daunen	5-6	19 x 15	blau, gefleckt	Baumpieper
5	15	Haare	4-5	20 x 15	blau, gefleckt	Gimpel
4-5-6	12	Moose, Haare, Federn	5-6	12 x 15	weißlich, gefleckt	Grünling
5-6	13 x 15	Haare, Federn	5-6	23 x 17	grünlich, gefleckt	Rotkopfwürger

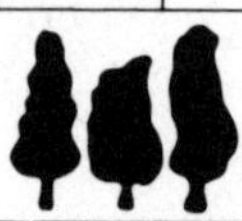

4-5	30-40	trockene Erde, Fasern, Haare	5-7	35 x 24	blau, gefleckt	Elster

Brutzeit (Monat)	Ø Nest (in cm)	Nistmaterial	Mittlere Eizahl	Eigröße in mm	Farbe des Eies	Vogelart

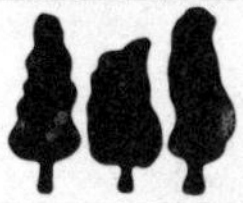
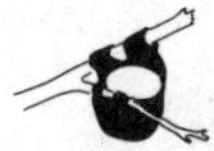

5-6	8-10	Rinden, Federn Spinnweben	3-4	31 x 21	weißlich, gefleckt	Pirol

5-6-7	20	Zweige	2	31 x 23	weiß	Turteltaube
5-6-7	20 x 30	Zweige	2	40 x 29	weiß	Ringeltaube

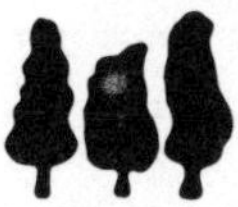

5-6-7	12-15	Blätter, Moose, Federn	5-6	15 x 12	weiß, gefleckt	Zilpzalp
5-6	12-15	Blätter, Moose, Haare	5-6	16 x 13	weiß, gefleckt	Waldlaubsänger

4-5	15-18	Pflanzen, Haare	4-5	24 x 17	blaugrau, gefleckt	Kernbeißer
5	18-25	Pflanzen, Haare	5-6	32 x 23	grün, gefleckt,	Eichelhäher
3-4-5	40-50	Haare, Wolle	4-5	40 x 28	blaugrau, gefleckt	Saatkrähe
3-4-5	40-50	Haare, Wolle	4-5	43 x 30	blaugrün, gefleckt	Aaskrähe
4-5	50	Lumpen, Wolle, Papier	2-3	53 x 43	blau, gefleckt,	Schwarzmilan
3-4-5	60	Pflanzen, Moose	3-4	57 x 45	weiß, gefleckt	Mäusebussard

Brutzeit (Monat)	Ø Nest (in cm)	Nistmaterial	Mittlere Eizahl	Eigröße in mm	Farbe des Eies	Vogelart

Brutzeit (Monat)	Ø Nest (in cm)	Nistmaterial	Mittlere Eizahl	Eigröße in mm	Farbe des Eies	Vogelart
4-5-6	–	Moose, Haare, Federn	9-12	15 x 12	weiß, gefleckt	Blaumeise
4-5-6	–	Federn	5-6	16 x 12	weiß, gefleckt	Baumläufer
4-5-6	–	Moose, Haare, Daunen	7-9	17 x 13	weiß, gefleckt	Kohlmeise
5-6	–	Blätter, Haare, Federn	6-7	19 x 14	blau	Gartenrotschwanz
4-5-6	–	Stroh, Haare, Wolle	4-6	19 x 14	grau, gefleckt	Feldsperling
4-5	–	Haare, Wolle, Federn	5-6	22 x 15	weiß, gefleckt	Steinsperling
4-5-6	–	keines	5-6	26 x 18	grün, gefleckt	Wiedehopf
4-5	–	Stroh, Haare, Wolle, Federn	5-6	30 x 21	blau	Star
4-5	–	Erde, Wolle, Haare	4-5	36 x 25	blau, gefleckt	Dohle
4-5	–	keines	3-5	36 x 30	weiß	Steinkauz
3-4	–	keines	3-4	37 x 39	weiß	Waldkauz

Brutzeit (Monat)	Ø Nest (in cm)	Nistmaterial	Mittlere Eizahl	Eigröße in mm	Farbe des Eies	Vogelart
4-5	3	Baumrinde	7	20 x 15	weiß, gefleckt	Kleiber
4-5	5	Späne	5-7	32 x 23	weiß	Grünspecht
–	–	–	–	–	–	alle oben genannten Höhlenbrüter

Brutzeit (Monat)	Ø Nest (in cm)	Nistmaterial	Mittlere Eizahl	Eigröße in mm	Farbe des Eies	Vogelart

5	7-8	Moose, Haare, Federn, Flechten, Spinnweben	7-10	13 x 10	weiß, gefleckt	Sommergoldhähnchen
4-5	7-9	Moose, Wolle, Federn, Flechten, Spinnweben	7-9	14 x 11	weiß, gefleckt	Wintergoldhähnchen
4-5-6	9	Moose, Haare, Federn, Kräuter, Spinnweben	4-5	16 x 12	blau, gefleckt	Zeisig
4-5-6	9-10	Moose, Haare, Wolle	4	17 x 12	blau, gefleckt	Girlitz
3-5-6-7	11-12	Wolle, Haare	4-5	20 x 15	blau	Heckenbraunelle
1-2-3	11-15	Moose, Haare, Federn, Flechten Kräuter	3-4	22 x 16	bläulich, gefleckt	Fichtenkreuzschnabel

4-5	–	Moose, Haare, Federn	7-8	15 x 12	weiß, gefleckt	Tannenmeise
4-5-6	–	Rinde, Haare, Kräuter	6-8	15 x 12	weiß, gefleckt	Weidenmeise
4-5-6	–	Moose, Haare, Federn, Wolle,	6-7	16 x 12	weiß, gefleckt	Haubenmeise
4-5	–	Moose, Haare, Federn, Flechten	6-8	16 x 12	weiß, gefleckt	Sumpfmeise
3-4	–	keines	4-5	29 x 23	weiß	Sperlingskauz
4-5	–	keines	3-5	33 x 26	weiß	Rauhfußkauz

4-5-6-7	7-8	Wolle, Haare	5-6	17 x 13	weißlich, gefleckt	Stieglitz

Brutzeit (Monat)	Ø Nest (in cm)	Nistmaterial	Mittlere Eizahl	Eigröße in mm	Farbe des Eies	Vogelart
4-5-6	–	Moose, Haare, Federn	9-12	15 x 12	weiß, gefleckt	Blaumeise
5-6	–	Blätter, Haare, Federn	6-7	19 x 14	blau	Gartenrotschwanz
4-5	–	Haare, Federn, Wolle	4-5	20 x 14	weiß	Hausrotschwanz
4-5-6	–	Blätter, Moose, Federn	5-6	21 x 15	grau, gefleckt	Bachstelze
5-6-7-8	–	Papier, Lumpen, Wolle, Federn	4-5	22 x 16	weiß, gefleckt	Haussperling
5	–	Federn, Blätter	3	25 x 16	weiß	Mauersegler
4-5-6	–	–	5-6	26 x 18	grün, gefleckt	Wiedehopf
4-5	–	Federn, Haare, Wolle	5-6	30 x 21	blau	Star
4-5	–	Erde, Wolle, Haare	4-5	36 x 25	blau, gefleckt	Dohle
4-5	–	–	3-5	36 x 30	weiß	Steinkauz

3-10	20-25	Zweige	2	30 x 23	weiß	Türkentaube

5-6-7	12-15	Haare, Federn	4-5	19 x 13	weiß	Mehlschwalbe
5-6-7	12-15	Haare, Federn	4-5	20 x 14	weiß, gefleckt	Rauchschwalbe

Brutzeit (Monat)	Ø Nest (in cm)	Nistmaterial	Mittlere Eizahl	Eigröße in mm	Farbe des Eies	Vogelart

3-4	–	keines	5-6	40 x 32	weiß	Schleiereule

4-5-6	–	keines	4-5	40 x 32	weißlich, gefleckt	Turmfalke
3-4	–	keines	2-3	47 x 39	weiß	Waldkauz
3-4-5	–	keines	2-3	60 x 50	weiß	Uhu

4-5	9-10	Wolle, Haare, Federn	4-5	20 x 14	weiß	Hausrotschwanz

Gewässerufer

5-6	30	Pflanzenreste	3	35 x 25	gelbgrün, gefleckt	Trauerseeschwalbe
5-6-7	22-25	faulende Pflanzenteile	5-6	38 x 26	bräunlich	Zwergtaucher
5-6	40-50	Pflanzenreste	3	39 x 28	graugrün, gefleckt	Weißbartseeschwalbe
4-5	30-40	Gräser	5-6	52 x 39	graugrün	Rohrdommel
4-5-6	40-50	faulende Pflanzenteile	4	55 x 37	bräunlich-blau	Haubentaucher

Brutzeit (Monat)	Ø Nest (in cm)	Nistmaterial	Mittlere Eizahl	Eigröße in mm	Farbe des Eies	Vogelart

5-6-7	15	trockenes Schilf	4-5	20 x 15	weiß, gefleckt	Rohrschwirl

4-5-6	8-9	Pflanzen-material	3-5	18 x 13	graugrün, gefleckt	Mariskensänger
5-6	8-9	Pflanzenreste	4	18 x 14	weiß, gefleckt	Teichrohrsänger
5-6	9-10	Pflanzenreste	4-5	19 x 13	blau, gefleckt	Sumpfrohrsänger
5-6	10-11	Pflanzenreste	5	23 x 16	blaugrün, gefleckt	Drosselrohrsänger

5-6-7	12-14	Pflanzen	8-10	33 x 24	braun, grünoliv gefleckt	Tüpfelsumpfhuhn
5-6-7	15	Pflanzen	6-11	36 x 28	gelb, gefleckt	Wasserralle
4-5-6	25	trockene Pflanzen	6-10	43 x 30	graugelb, gefleckt	Teichhuhn
5-6	25-35	Daunen	8-12	51 x 37	graugrün	Löffelente
4-5-6	20-30	trockene Pflanzen	6-9	52 x 36	grau, gefleckt	Bläßhuhn

5-6-7	20-30	Blätter	5-6	36 x 26	weiß	Zwergdommel

Brutzeit (Monat)	Ø Nest (in cm)	Nistmaterial	Mittlere Eizahl	Eigröße in mm	Farbe des Eies	Vogelart

5-6	9-12	Federn, Moose	5-6	18 x 13	weiß, gefleckt	Schilfrohrsänger
4-5-6	9-10	Haare, Federn	4-5	18 x 14	rosa-braun	Seidensänger

4-5-6	20-30	trockene Blätter	3	52 x 37	braun, gefleckt	Lachmöwe
5-6	25-30	Daunen	6-9	61 x 44	hellgrau	Tafelente

3-4-5-6-7	10	Moos, Haare, Federn	5-6	19 x 15	gelblich, gefleckt	Gebirgsstelze
4-5-6	9-10	Moose, Haare	5-7	19 x 15	weißlich, gefleckt	Rotkehlchen

4-5-6	20-40	Moos	4-6	26 x 18	weiß	Wasseramsel

5-6-7	4-6	keines	5-6	17 x 13	weiß	Uferschwalbe
4-5-6	6	keines	6-7	23 x 19	weiß	Eisvogel
5-6	5-8	keines	4-6	26 x 22	weiß	Bienenfresser

Brutzeit (Monat)	Ø Nest (in cm)	Nistmaterial	Mittlere Eizahl	Eigröße in mm	Farbe des Eies	Vogelart

6-7	20-30	Blätter	5-6	36 x 26	weiß	Zwergdrossel
5	60-120	trockene Blätter	4-5	50 x 38	weiß	Rohrweihe
4-5-6	50-100	trockene Pflanzen	4-5	54 x 40	grünblau	Purpurreiher

4-5-6	–	trockene Pflanzen	4	39 x 27	grün, gefleckt	Bekassine
4-5	–	trockene Pflanzen	4	55 x 37	bräunlich, gefleckt	Uferschnepfe

4-5-6	25	trockene Pflanzen	6-10	43 x 30	graugelb, gefleckt	Teichhuhn
5-6	25-35	Daunen	5-8	45 x 33	gelblich mit grünem Schimmer	Krickente
5-6	25-35	Daunen	8-11	45 x 33	gelblich ohne Schimmer	Knäkente
4-5-6	20-30	trockene Pflanzen	6-9	52 x 36	grau, gefleckt	Bläßhuhn
4-5-6	20-30	trockene Pflanzen	3	52 x 37	braun, gefleckt	Lachmöwe
4-5-6	25-35	Daunen	8-11	52 x 37	graugrün	Löffelente
3-4	25-35	Daunen	7-10	58 x 40	blaugrün	Stockente
5-6	25-35	Daunen	6-9	61 x 44	hellgrau	Tafelente

3-4	25-35	Daunen	7-10	58 x 40	blaugrün	Stockente

Brutzeit (Monat)	Ø Nest (in cm)	Nistmaterial	Mittlere Eizahl	Eigröße in mm	Farbe des Eies	Vogelart

5-6-7	11	Federn	5-7	18 x 14	weiß, gefleckt	Bartmeise
4-5-6-7	9-10	Haare	4-5	20 x 15	graubraun, gefleckt	Rohrammer

5-6	8-9	Haare, Wolle, Federn	5-6	19 x 14	gelblich, gefleckt	Schafstelze
5-6	8-9	Blätter, Haare, Moose	5-7	19 x 15	blaugrün, gefleckt	Braunkehlchen

4-5-6	–	trockene Pflanzen	4	39 x 27	grün, gefleckt	Bekassine

4-5-6	7	Pflanzenreste mit Spinnweben	4-5	16 x 12	rosa, gefleckt	Cistensänger

5-6	18-25	Zweige, Blätter	10-12	46 x 36	graugrün	Fasan
5-6	25-35	Daunen	8-12	51 x 37	graugrün	Löffelente
3-4	25-35	Daunen	7-10	58 x 40	blaugrün	Stockente

Brutzeit (Monat)	Ø Nest (in cm)	Nistmaterial	Mittlere Eizahl	Eigröße in mm	Farbe des Eies	Vogelart

4-5	7-8	Haare, Pflanzenreste	5-6	19 x 14	graugrün, gefleckt	Blaukehlchen
4-5-6-7	9-10	Haare, Wolle	4-5	20 x 15	graubraun, gefleckt	Rohrammer
5	7-8	Blätter, Wolle, Moos	4-6	21 x 16	graugrün, gefleckt	Nachtigall

5-6	12-15	Federn, Moose	6-7	15 x 12	gelblich, gefleckt	Fitislaubsänger

4-5-6	9-10	Federn, Haare	4-5	18 x 14	rosabraun	Seidensänger
5-6-7	12-15	Moose, trockene Pflanzen	5-6	18 x 14	rötlich, gefleckt	Feldschwirl
5-6	9-10	Haare, Spinnweben	5-6	20 x 15	rosa, gefleckt	Mönchsgrasmücke

5-6	9-10	Pflanzenreste, Haare	4-5	19 x 13	blau, gefleckt	Sumpfrohrsänger

5-6-7	25-35	Zweige	2	31 x 23	weiß	Turteltaube
5-6	30-40	Zweige	4-5	49 x 35	blaugrün	Nachtreiher

Brutzeit (Monat)	Ø Nest (in cm)	Nistmaterial	Mittlere Eizahl	Eigröße in mm	Farbe des Eies	Vogelart

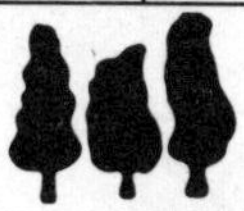

4-5-6	–	trockene Pflanzen	4	44 x 34	bräunlich, gefleckt	Waldschnepfe

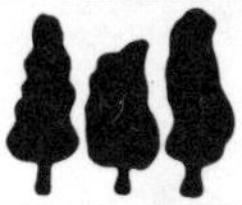

5-6	12-15	Moos, Federn	6-7	15 x 12	gelblich, gefleckt	Fitislaubsänger

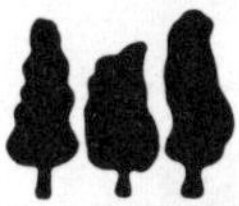

4-5-6	12	Moose, Haare, Federn	5-6	20 x 15	weißlich, gefleckt	Grünling
5-6-7	15	Haare, Wolle	4-5	20 x 15	bläulich, gefleckt	Gimpel
4-5-6-7	7-8	Wolle, Haare	5-6	17 x 13	weißlich, gefleckt	Stieglitz

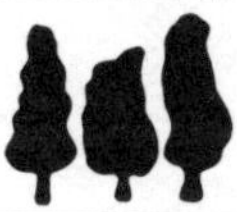

4-5-6	15	trockene Pflanzen	5-6	29 x 21	grün, gefleckt	Wacholderdrossel
3-4-5-6	15	trockene Pflanzen	5-6	29 x 21	grün, gefleckt	Amsel
5-6-7	20	Zweige	2	31 x 23	weiß	Turteltaube
3-4-5	40-50	Haare, Wolle	4-5	43 x 30	blaugrün, gefleckt	Aaskrähe
5-6	30-40	Zweige	4-5	49 x 35	blaugrün	Nachtreiher
4-5	50-80	Lumpen	2-3	57 x 45	weiß, gefleckt	Schwarzmilan
3-4-5	50-100	Zweige	4-5	60 x 42	blaugrün	Graureiher

Brutzeit (Monat)	Ø Nest (in cm)	Nistmaterial	Mittlere Eizahl	Eigröße in mm	Farbe des Eies	Vogelart

4-5-6-7	10-13	Moose, Federn	5-7	16 x 12	weiß, gefleckt	Zaunkönig

5-6	8-10	Federn, Spinnweben	3-4	31 x 21	weißlich, gefleckt	Pirol

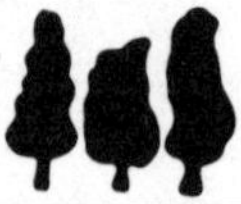

4-5-6	–	Moose, Haare, Federn	9-12	15 x 12	weiß, gefleckt	Blaumeise
4-5	–	Moose, Haare, Flechten, Federn	7-8	16 x 12	weiß, gefleckt	Sumpfmeise
4-5-6	–	Moose, Haare, Federn, Wolle	6-7	16 x 12	weiß, gefleckt	Haubenmeise
4-5-6	–	Federn	5-6	16 x 12	weiß, gefleckt	Baumläufer
4-5-6	–	Moose, Haare Federn	7-9	17 x 13	weiß, gefleckt	Kohlmeise
5	–	Federn	5-7	17 x 13	bläulich	Halsbandschnäpper
5-6	–	Rinde, Moose, Haare	4-6	18 x 13	hellblau	Trauerschnäpper
5-6	–	Wolle, Haare	4-5	18 x 14	bläulich, gefleckt	Grauschnäpper
4-5-6	–	–	5-6	26 x 18	grün, gefleckt	Wiedehopf
3-4-5-6-7	–	Zweige, Blätter	2	38 x 29	weiß	Hohltaube

Brutzeit (Monat)	Ø Nest (in cm)	Nistmaterial	Mittlere Eizahl	Eigröße in mm	Farbe des Eies	Vogelart

4-5-6	3,5	Späne	5-6	19 x 14	weiß	Kleinspecht
4-5-6	4,5	Späne	5-6	26 x 19	weiß	Buntspecht
5-6	6	Späne	6-7	28 x 20	weiß	Grauspecht
4-6	6,5	Späne	5-7	31 x 23	weiß	Grünspecht

4-5-6-7	–	–	4	30 x 22	gelblich, gefleckt	Flußregenpfeifer
5-6	–	–	2-3	41 x 30	oliv, gefleckt	Flußseeschwalbe

Gebirge

5	15	–	6-10	41 x 28	gelblich, gefleckt	Haselhuhn
4-5-6	25	–	5-7	57 x 41	bräunlich, gefleckt	Auerhuhn

3-4-5	30	Haare, Federn	3-4	34 x 25	grünlich, gefleckt	Tannenhäher

Brutzeit (Monat)	Ø Nest (in cm)	Nistmaterial	Mittlere Eizahl	Eigröße in mm	Farbe des Eies	Vogelart
4-5-6	8-10	Haare, Moose, Federn	4-5	16 x 13	weißlich, gefleckt	Zitronengirlitz
4-5-6	15-20	trockene Erde, Flechten	4-5	30 x 21	blau, gefleckt	Ringdrossel

4-5	9-10	Haare, Wolle, Federn	4-5	20 x 14	weiß	Hausrotschwanz
5-6	10-13	Haare	4-6	21 x 15	blaugrün, gefleckt	Zippammer
3-4	13-14	Moose, Haare. Federn	3-4	23 x 16	blau	Alpenbraunelle
4-5-6	10-12	Moose, Haare, Federn	5-6	21 x 15	grau, gefleckt	Bachstelze
5-6-7	9-10	Haare, Wolle Federn	5-6	21 x 16	hellblau	Steinschmätzer
5-6-7	10-15	Moose, Haare, Federn, Wolle	4-5	23 x 17	weiß	Schneefink
5	18	Moose, Pflanzen	4-5	26 x 20	blau	Steinrötel
4-5-6	20	Erde, Pflanzen, Flechten	4-5	30 x 21	bläulich, gefleckt	Ringdrossel

3-4-5-6	15-20	Kräuter	7-12	42 x 31	gelblich, gefleckt	Steinhuhn
5-6-7	15-20	Moos	7-10	44 x 31	weißlich, gefleckt	Alpenschneehuhn
5-6	–	Wurzeln	7-10	51 x 37	gelblich, gefleckt	Birkhuhn

Brutzeit (Monat)	Ø Nest (in cm)	Nistmaterial	Mittlere Eizahl	Eigröße in mm	Farbe des Eies	Vogelart

5-6	5	Sphäne	4-5	23 x 18	weiß	Dreizehenspecht
4-5	13x8,5	Späne	4-5	34 x 25	weiß	Schwarzspecht

5-6-7	9-10	Moose, Kräuter	4-5	21 x 15	weißlich, gefleckt	Bergpieper

4-5-6	30-35	Wurzeln, Blätter, Haare	4	39 x 26	weißlich, gefleckt	Alpendohle
4-5	35	Haae, Wolle	3-4	41 x 29	grünlich, gefleckt	Alpenkrähe
2-3-4	40-100	Wolle, Erde Kräuter	4-5	50 x 33	blaugrün, gefleckt	Kolkrabe
4-5	100-150	Äste	2	77 x 60	weiß	Steinadler
1-2	150-250	Wolle	1	86 x 66	weißlich	Bartgeier
1-2	60-120	Pflanzenreste, Moose, Federn	1	92 x 70	weiß	Gänsegeier

5-6-7-8	12-15	Haare, Federn	4-5	19 x 13	weiß	Mehlschwalbe
5-6	12-15	Kräuter, Federn, Haare	4-5	21 x 14	weiß, gefleckt	Felsenschwalbe
5	10-15	Kräuter, Federn	3	31 x 19	weiß	Alpensegler

Brutzeit (Monat)	Ø Nest (in cm)	Nistmaterial	Mittlere Eizahl	Eigröße in mm	Farbe des Eies	Vogelart

5-6	–	Wolle, Federn, Flechten, Moose	4	21 x 15	weiß, gefleckt	Mauerläufer

Mittelmeergebiet

5-6	–	–	3	46 x 30	bräunlich, gefleckt	Spießflughuhn

4-5	–	–	5-6	17 x 13	weiß, gefleckt	Felsenkleiber
5-6	–	Kräuter	4-5	35 x 28	weiß	Blauracke

4-5	9-10	Daunen, Haare, Spinnweben	3-5	16 x 13	weißlich, gefleckt	Weißbartgrasmücke
3-4-5	10	Wolle, Spinnweben, Haare	4-5	17 x 13	grünlich, gefleckt	Brillengrasmücke
4-5	10	Haare	3-4	18 x 19	grau, gefleckt	Sardengrasmücke
3-4-5	12	Haare	3-4	18 x 13	weißlich, gefleckt	Samtkopfgrasmücke
4-5	14	Haare, Daunen	4-5	20 x 15	weißlich, gefleckt	Orpheusgrasmücke

Brutzeit (Monat)	Ø Nest (in cm)	Nistmaterial	Mittlere Eizahl	Eigröße in mm	Farbe des Eies	Vogelart

4-5	–	trockene Pflanzen	4-5	24 x 18	grau, gefleckt	Kalanderlerche

4-5	15	Daunen	6-7	15 x 10	weißlich	Beutelmeise

5-6	5-8	–	4-6	26 x 22	weiß	Bienenfresser

5-6	9-10	Haare, trockene Pflanzen	4-5	20 x 15	blau, gefleckt	Mittelmeersteinschmätzer
4-5	10-12	Moos	4-5	27 x 20	blau	Blaumerle

4-5	40-50	Lumpen, Abfall	2	66 x 50	weiß, gefleckt	Schmutzgeier
2-3-4	50-100	Äste mit Blättern	2	69 x 54	weiß	Habichtsadler

4-5	10-12	Fasern, Federn	2	26 x 17	weiß	Fahlsegler

Brutzeit (Monat)	Ø Nest (in cm)	Nistmaterial	Mittlere Eizahl	Eigröße in mm	Farbe des Eies	Vogelart

Meeresufer

4-5	–	–	3	33 x 23	gelblich, gefleckt	Seeregenpfeifer
5-6	–	Muscheln	2-3	33 x 24	gelblich, gefleckt	Zwergseeschwalbe
5-6	–	Zweige	2-3	41 x 30	grünlich, gefleckt	Flußseeschwalbe
6	–	–	2-3	44 x 30	gelblich, gefleckt	Rosenseeschwalbe
5-6	–	Abfall	2	52 x 36	gelblich, gefleckt	Brandseeschwalbe
5-6	–	Muscheln	2-3	56 x 40	gelblich, gefleckt	Austernfischer

4-5-6	8	Wolle, Federn	4-5	20 x 15	weißlich, gefleckt	Kurzzehenlerche

4-5-6	20-30	trockene Blätter	3	52 x 37	bräunlich, gefleckt	Lachmöwe
5-6	50-70	Pflanzen	2-3	67 x 46	bräunlich, gefleckt	Heringsmöwe
4-5	50-70	Pflanzen	2-3	71 x 49	bräunlich, gefleckt	Silbermöwe
5-6	60-70	Federn	2-3	77 x 54	grünlich, gefleckt	Mantelmöwe

Brutzeit (Monat)	Ø Nest (in cm)	Nistmaterial	Mittlere Eizahl	Eigröße in mm	Farbe des Eies	Vogelart

5-6	20	–	8-10	66 x 48	weiß	Brandgans

4-5-6-7	–	–	4	30 x 22	gelblich, gefleckt	Flußregenpfeifer
5-6	–	Muscheln	2-3	33 x 24	gelblich, gefleckt	Zwergseeschwalbe
5-6	–	Zweige	2-3	41 x 30	oliv, gefleckt	Flußseeschwalbe
5-6	–	Abfall	2	52 x 36	gelblich, gefleckt	Brandseeschwalbe

5-6	50-70	Pflanzen	2-3	67 x 46	bräunlich, gefleckt	Heringsmöwe
4-5	50-70	Pflanzen	2-3	71 x 49	bräunlich, gefleckt	Silbermöwe
5-6	60-70	Federn	2-3	77 x 54	grünlich, gefleckt	Mantelmöwe

4-5	–	trockene Pflanzen	3-4	67 x 47	oliv, gefleckt	Großer Brachvogel

5	30-50	trockene Pflanzen	3-4	41 x 32	weiß	Wiesenweihe
4-5-6	20-30	trockene Pflanzen	3	52 x 37	bräunlich, gefleckt	Lachmöwe

Brutzeit (Monat)	Ø Nest (in cm)	Nistmaterial	Mittlere Eizahl	Eigröße in mm	Farbe des Eies	Vogelart
5-6	8-9	Haare, Federn, Wolle	5-6	19 x 14	gelblich, gefleckt	Schafstelze
4-5-6	–	trockene Pflanzen	3-4	44 x 31	gelblich, gefleckt	Rotschenkel
3-4	–	trockene Pflanzen	4	47 x 34	gelblich, gefleckt	Kiebitz
4-5-6	–	Muscheln	3-4	51 x 35	gelblich, gefleckt	Säbelschnäbler

6	–	–	2-3	44 x 30	gelblich, gefleckt	Rosenseeschwalbe
5-6	–	–	1	81 x 50	unterschiedlich	Trottellumme

4-5	35	Wolle, Haare	3-4	40 x 28	weißlich, gefleckt	Alpenkrähe
2-3-4	50-100	Wolle, Erde, Pflanzen	4-5	50 x 33	grünlich, gefleckt	Kolkrabe
2-3-4-5	50	Pflanzen	3-4	63 x 39	weiß	Krähenscharbe
4-5-6	60	Pflanzen	3-4	66 x 41	weiß	Kormoran
5-6	50-70	Pflanzen	2-3	67 x 46	bräunlich, gefleckt	Heringsmöwe
4-5	50-70	Pflanzen	2-3	71 x 49	bräunlich, gefleckt	Silbermöwe
4-5-6	75	Algen	1	78 x 49	grünlich	Baßtölpel

Brutzeit (Monat)	Ø Nest (in cm)	Nistmaterial	Mittlere Eizahl	Eigröße in mm	Farbe des Eies	Vogelart

4-5-6	8	Haare	4-5	21 x 16	weißlich, gefleckt	Wasserpieper

4-5-6	–	–	1	28 x 21	weiß, gefleckt	Sturmschwalbe
4-5	–	–	1	61 x 42	weißlich, gefleckt	Papageitaucher
5-6	–	–	1	61 x 42	weiß	Gelbschnabelsturmtaucher
5-6	–	–	1	73 x 47	weißlich, gefleckt	Tordalk

5-6	10-12	Fasern, Federn	3	25 x 17	weiß	Fahlsegler

4-5-6	11	Federn	5-6	18 x 14	weißlich, gefleckt	Bartmeise

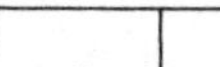

4-5-6	50-60	–	1	89 x 55	weiß	Flamingo

4

Fraßspuren

Innerhalb der Gruppe der Säugetiere unterscheidet man seit jeher Pflanzenfresser, Räuber und Allesfresser. Diese grobe Einteilung ist nicht sehr hilfreich, wenn es darum geht, das Nahrungsverhalten von Individuen oder von Populationen zu einem ganz bestimmten Zeitpunkt zu erkennen. Einige unserer Säugetierarten haben zwar einen sehr engen Speisezettel, doch gibt es viele andere, die sich weitgehend dem Nahrungsangebot der Jahreszeiten ihres Lebensraumes anpassen.
Die Ernährungsgewohnheiten unterscheiden sich von Individuum zu Individuum und hängen auch vom Alter und dem physiologischen Zustand des Tieres ab. Manche Nährstoffe werden nur in geringer Menge aufgenommen, spielen aber trotzdem eine entscheidende Rolle für den Gesundheitszustand des Tieres.
Es wird sich im Verlauf dieses Kapitels zeigen, daß die Einteilung in Pflanzenfresser, Räuber und Allesfresser keinesfalls ausreicht und daß manche Tiere oft erstaunliche, ja unerwartete Dinge fressen, die meisten Weibchen von Pflanzenfressern zum Beispiel die Plazenta kurz nach der Geburt. Der Naturforscher sollte sich also vor einer zu simplen Interpretation der Ernährungsgewohnheiten hüten. Es ist zwar so, daß die Umwelt und ihre Ressourcen das Vorhandensein bestimmter Arten ermöglichen, umgekehrt wirkt das Tier aber auch wieder auf die Umwelt ein. So sind die Fraßspuren die besten Zeugen für die Wechselwirkung zwischen Tier und Umwelt.

Spuren an Bäumen

Der Wald ist das produktivste Ökosystem des Festlandes: seine jährliche Produktion organischer Materie ist pro Oberflächeneinheit 3-4 mal so hoch wie die einer Wiese. Die fruchtbarsten Getreidefelder nähern sich den Werten des Waldes, obwohl in sie sehr viel Energie hineingesteckt wird, in Form von Maschinenarbeit und Düngemitteln.
Der Baum stellt das erste Glied in den langen Nahrungsketten dar, die für

den Wald charakteristisch sind: alle Teile des Baumes, ob lebendig oder tot, dienen unzähligen Pflanzen- und Tierarten als Nahrung; jedes Stadium des Wachstums und des Alterns, des Aufbaus und des Abbaus wird von ihren Spuren gekennzeichnet.

In diesem Kapitel beschreiben wir nur die Spuren, welche Wirbeltiere hinterlassen. Eine Auswahl von Fraßspuren holzfressender Insekten wird in Kapitel 5 gegeben.

Es erschien uns wichtig, auf der Tafel 18 alle jene Spuren zusammenzufassen, die nicht auf Freßtätigkeit zurückgehen, mit Fraßspuren aber leicht verwechselt werden können.

Tafel 16: Fraßspuren an Bäumen

Fig. 1: Löcher des Kleinspechts

Die kleinen Löcher haben einen mehr oder minder runden Umriß und stehen oft in einer Reihe übereinander (a). Bisweilen ist nur die Rinde entfernt (b), und das Holz zeigt die Schnabelspur. Im selben Lebensraum können mehrere Spechtarten nebeneinander vorkommen, weil sie sich auf unterschiedliche Weise spezialisiert haben und sich gegenseitig keine Nahrungskonkurrenz machen. Der Ökologe sagt auch: Sie bewohnen unterschiedliche ökologische Nischen. Der Buntsprecht *(Dendrocopos major)* sucht seine Nahrung an Baumstämmen, der Mittelspecht *(Dendrocopos medius)* an höher gelegenen Ästen, der Kleinspecht *(Dendrocopos minor)* an dünnen Zweigen. Der Dreizehenspecht *(Picoides tridactylus)* sucht nur tote Stämme auf, während der Grünspecht *(Picus viridis)* vor allem Ameisen auf dem Boden jagt.

Fig. 2: Toter, von einem Schwarzspecht ausgehöhlter Stamm

Der Schwarzspecht *(Dryocopus martius)* hat einen mächtigen Schnabel, der es ihm erlaubt, Rinde wegzureißen und tiefe Löcher bis ins Innerste eines Stammes zu hacken. Dort hofft er auf Kolonien der Roßameise *(Camponotus herculeanus)* zu stoßen, deren Larven und Eier er gerne frißt. Er geht sowohl an stehende, lebende Bäume wie an gefallene Exemplare oder Strünke. Wenn Holzspäne mehr als 10 cm messen, ist dies ein deutlicher Hinweis auf den Schwarzspecht.

Fig. 3: Von Spechten geringelte Birke

Selbst bei hochspezialisierten Tieren wie den Spechten kann man „abweichende" Ernährungsgewohnheiten beobachten. Wenn der Saft im Frühjahr die Bäume hochsteigt, schlagen sie in regelmäßigen Ringen Löcher in die Birkenrinde und lecken den süßen heraustretenden Saft. Die Birken zeigen lange Zeit die Spuren dieser Ringelung in Form von Verdickungen. Im Wachstum werden sie darin meist nicht behindert. Anderes kann man beim Dreizehenspecht in höheren Gebirgslagen beobachten: er kann durch wiederholtes Ringeln ältere Kiefern zum Absterben bringen.

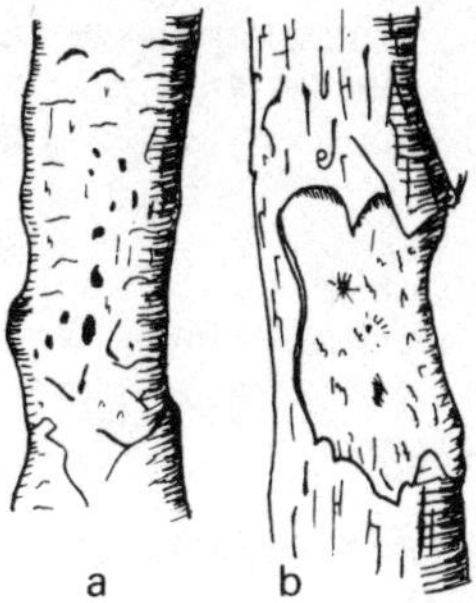

Fig. 1 ⊢——⊣ 10 cm

Fig. 2 ⊢——⊣ 10 cm

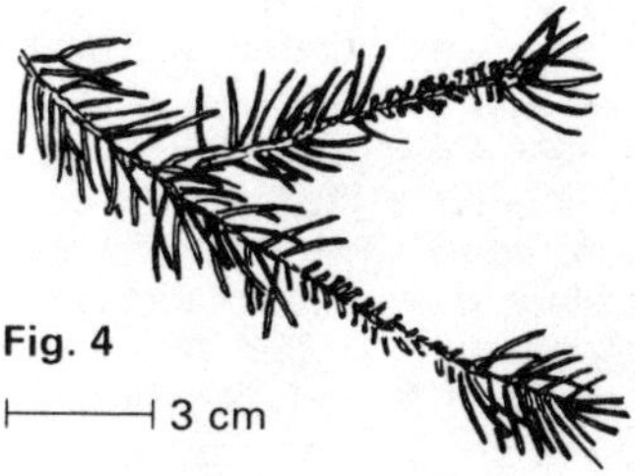

Fig. 4

⊢——⊣ 3 cm

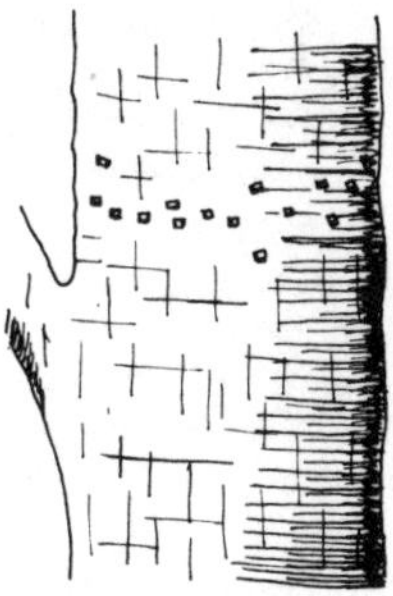

Fig. 3 ⊢——⊣ 10 cm

Fig. 6

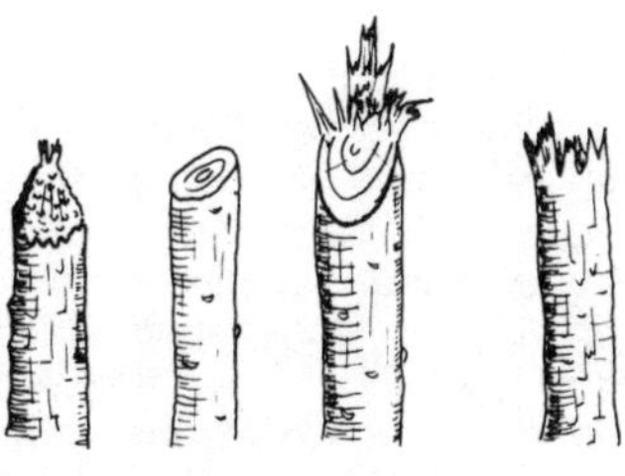

Fig. 5 ⊢——⊣ 2 cm

Fig. 7 ⊢——⊣ 3 cm

Fig. 4: Von Auerwild abgeschnittene Fichtennadeln
Das erwachsene Auerhuhn *(Tetrao urogallus)* ernährt sich im Winter von Nadeln, sei es von Fichten, Tannen oder von Kiefern. Es schneidet sie dabei knapp vor ihrer Ansatzstelle ab. Ihre Verdauung ist nur mit Hilfe einer besonderen Darmflora möglich.

Fig. 5: Von Pflanzenfressern abgebissene Zweige
Zweige und Schößlinge von Bäumen haben einen höheren Nährwert als Gräser und einen ungefähr gleich hohen wie gute Luzerne. Deswegen nehmen fast alle Pflanzenfresser, allerdings in unterschiedlichen Mengen, Laub von Bäumen zu sich. Es stellt weitaus mehr als eine einfache Zusatznahrung dar. Der Nährwert eines Waldes für Pflanzenfresser hängt nicht von dessen Oberfläche, sondern von der Menge und Qualität des Laubes ab, das sich in der Reichweite der Tiere befindet. Der dichte Hochwald mit seinen unzugänglichen Blättern ist nicht günstig für Pflanzenfresser. Waldränder mit ihren Sträuchern und niederen Bäumen hingegen liefern reichliche und abwechslungsreiche Nahrung.
a. Von einem Nagetier durchbissener Zweig: es sind zahlreiche Nagespuren zu erkennen, und bei der Arbeit fielen Späne ab. Die konische Form ist typisch, hängt im einzelnen aber von der Größe des Tieres ab: das abgebildete Stück könnte ebenso ein Himbeerzweig sein, der von einer Maus abgenagt wurde, wie eine 15jährige von einem Biber gefällte Weide.
b. Von einem Feldhasen oder Wildkaninchen abgeschnittener Zweig: die Schnittfläche ist glatt, schräg und winkelkonstant. Die Hauptarbeit verrichten dabei die unteren Schneidezähne.
c. Da den Huftieren die oberen Schneidezähne fehlen, können sie die Zweige nicht ganz durchtrennen. Sie schneiden sie ein und reißen sie dann los. Beim Fressen von Laubblättern gehen die einzelnen Arten aber unterschiedlich vor: Ziegen können auf die untersten Äste klettern oder sich wie Damhirsche an den Stämmen so aufrichten, daß sie nur noch auf den Hinterbeinen stehen.

Fig. 6: Vom Biber benagte und gefällte Stämme
Der Biber bevorzugt Bäume mit einem Durchmesser von 3-15 cm. Er geht aber auch an Stämme von 40 cm Durchmesser, und man hat schon gesehen, wie er Riesen von 80 cm Durchmesser fällte.
Der Biber liebt vor allem Weiden und Pappeln. Harzreiche Hölzer und Harthölzer läßt er beiseite. Bisweilen bleiben die durchnagten Bäume an den Zweigen ihrer Nachbarn hängen und fallen nicht auf den Boden. Der Biber kümmert sich dann nicht mehr um sie; das gilt auch für Stämme mit einem Durchmesser, der 10 cm übersteigt. Schwächere Stämme und Äste werden zu Knüppeln zurechtgenagt und schließlich ans Wasser transportiert. Ein erwachsener Biber braucht für seine Ernährung jedes Jahr 7 m^3 Holz. Er frißt davon das Laub, die Rinde, das Splintholz und die Zweige.

Fig. 7: Vom Biber abgenagter Span
Die Kaumuskeln des Bibers erreichen eine Kraft von 80 kg und mithin das Doppelte wie beim Menschen. Mit wenigen Nagebewegungen löst er einen 15 cm langen und 2-3 cm dicken Span. Eine 10 cm dicke Weide ist innerhalb von 5 Minuten gefällt. Das Fällen eines dicken Baumes kann aber mehrere Nächte intensiver Arbeit beanspruchen.

Stieglitz
(Flügel)
Lachmöwe
(Flügel)
Mäuse-
bussard
(Flügel)
Waldohr-
eule
(Flügel)
Waldschnepfe
(Körper)
Fasan
(Körper- u.
Schwanzfeder)
Buntspecht
(Flügel u. Schwanz)
Elster
(Schwanz)
Ringeltaube
(Schwanz)
Auerhuhn ♀
(Körper)
Sperber
(Flügel u. Körper)
Eichelhäher
(Flügel)

Die kleinen Nagetiere und die Landwirtschaft

Welche Getreidemengen fressen kleine Nagetiere dem Landwirt weg? Um diese Frage zu beantworten, muß man ein Feld über eine Vegetationszeit hinweg mindestens einmal monatlich untersuchen. Man beobachtet auf dem gepflügten, aber noch unbestellten Feld Gänge, Erdbauten und Erdhügel und versucht, die Kolonisationszentren zu ermitteln. Nach der Saat müssen wir ein scharfes Auge auf die sichtbaren Schäden werfen. Wir bestimmen ihre Urheber und können schließlich feststellen, in welchem Stadium die Schäden am größten sind (keimende Körner, junge Triebe, unreife oder reife Ähren). Bei jedem Besuch beobachten wir auch Spuren von Räubern, etwa Fußabdrücke, aufgewühlte Erde, Losung von Raubtieren, Gewölle von Greifvögeln.
Nach der Mahd öffnen wir auf einer bestimmten Fläche alle Erdbaue, sammeln die Getreidevorräte und wiegen sie. Von dieser Testfläche schließen wir auf das Ganze, und eine einfache Multiplikation gibt uns dann Anhaltspunkte darüber, wieviel reifes Getreide der Landwirtschaft durch die Nager verlorengeht.

Tafel 17: Fraßspuren an Bäumen

Fig. 1: Von einer Erdmaus entrindeter Apfelbaum
Die Rinde eines jungen Apfelbaumes wurde bis auf eine Höhe von 15 cm über dem Boden abgenagt. Im Winter frißt die Erdmaus *(Microtus agrestis)* diese Rinde, während sie sich im Sommer am Kambium, der Wachstumsschicht, gütlich tut.

Fig. 2: Im Frühjahr entrindete Vogelkirsche
Wenn die Tage länger werden, steigt der Saft hoch, und der Baum beginnt wieder mit dem Wachstum. In dieser Zeit wird er von Hirschen heimgesucht, welche die Rinde in langen Streifen abreißen. Die Tiere können den Baum bis in eine Höhe von 2 m

völlig entrinden. Die Bäume, gleich welcher Art, halten eine selbst teilweise Entrindung kaum aus, denn die Wachstumsschicht, die den Saft leitet, vertrocknet dadurch. Selbst wenn die Tiere nur wenig Rinde, diese aber auf dem ganzen Umfang abreißen, kann ein sonst völlig gesunder Baum absterben. Die Entrindung („Schälen") durch Hirsche richtet in unseren Wäldern denn auch enorme Schäden an.

Fig. 3: Im Winter entrindete Buche
Im Sommer, Herbst und Winter haftet die Rinde besser am Baum als im Frühjahr, weil weniger Saft aufsteigt. Die Tiere können nur kleine Rindenstücke abreißen. Anhand der Zahnspuren kann man die Urheber bestimmen, während dies bei den Spuren im Sommer nur sehr schwerfällt, weil dann mehrere Huftierarten nebeneinander in den gleichen Lebensräumen vorkommen.

Fig. 4: Von einem Feldhasen benagter Zweig
Wenn sich Feldhasen oder Wildkaninchen über Jungbäume hermachen, kann man das an den Spuren erkennen, welche die Schneidezähne hinterlassen. Die Nagefurchen stehen senkrecht zum Stamm oder zum Ast, während die hirschartigen Tiere meist Marken in Richtung der Holzfasern hinterlassen.

Fig. 5: Junge von der Waldwühlmaus entrindete Fichte
Die Schäden der Waldwühlmaus *(Clethrionomys glareolus)* sind nicht immer so spektakulär. Man erkennt das Tier daran, daß es die Rinde auf einer scharf umgrenzten Oberfläche immer sorgfältig abnagt.
Das Eichhörnchen geht gelegentlich auch an die Rinde von Stämmen, um das saftreiche Kambium, die Wachstumsschicht, zu fressen.

Fig. 6: Von der Waldwühlmaus benagte Fichtentriebe
Ähnliche Fraßbilder erzeugen auch andere Nagetiere und sogar hirschartige Tiere. Vor allem Rehe fressen oft die Triebspitzen ab und zerstören dabei den zentralen Vegetationspunkt. Das hat zur Folge, daß das Stammwachstum unterbrochen wird. Bei wiederholtem Verbiß wächst die Fichte nur als kümmerlicher Strauch und verliert dadurch für den Waldbesitzer und Förster jeden kommerziellen Wert. Der durch den Verbiß von Rehen angerichtete Schaden beläuft sich in unseren Wäldern auf astronomische Summen.

Fig. 7: Vom Wildkaninchen benagter Apfelbaum
Wo das Wildkaninchen *(Oryctolagus cuniculus)* häufig auftritt, wird es zu einem Schädling der Forst- und der Landwirtschaft sowie des Obstbaus. Es geht immer wieder an Jungbäume. Diese erholen sich, entwickeln dabei aber oft merkwürdige Formen mit dicken Schwellungen infolge von Narbenbildung. Wildkaninchen können junge im Spalier gepflanzte Obstbäume völlig entrinden.

Fig. 8: Von Feldmäusen abgenagte Obstbaumwurzeln
Die Feldmaus geht gerne auch an Wurzeln und läßt dabei nur die stärksten eines Baumes stehen, wobei sie diese allerdings auch entrindet. Man kann den Baum oft mit einer Hand aus dem Boden reißen, oder er fällt beim ersten heftigen Wind. Wenn die Erdmaus in Obstgärten große Schäden anrichtet, schützt man die jungen Pflanzen durch eine Aufschüttung von Erde und Glasscherben.

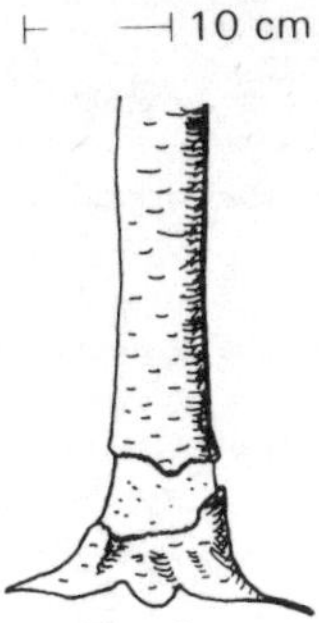

Fig. 1

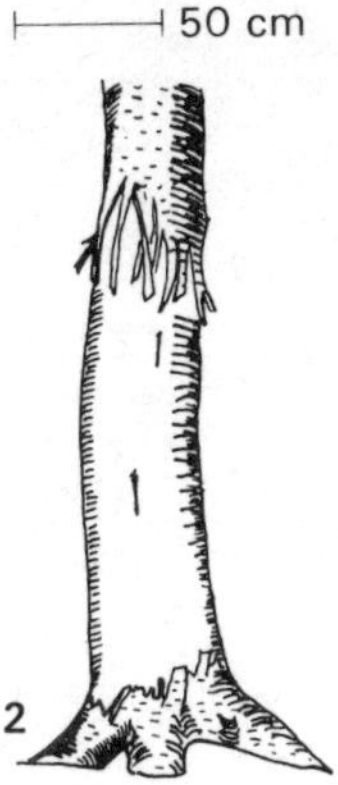

Fig. 2

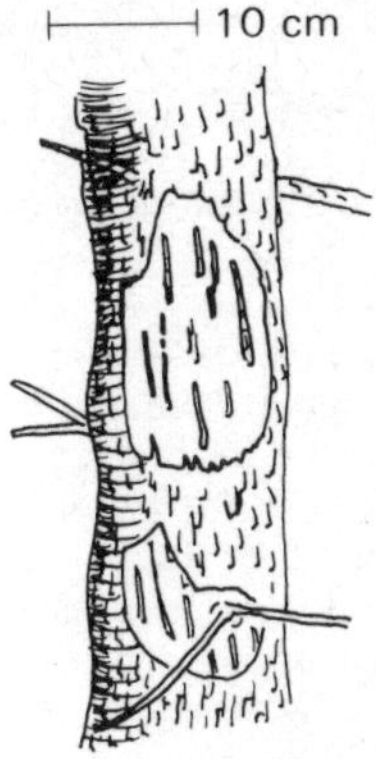

Fig. 3

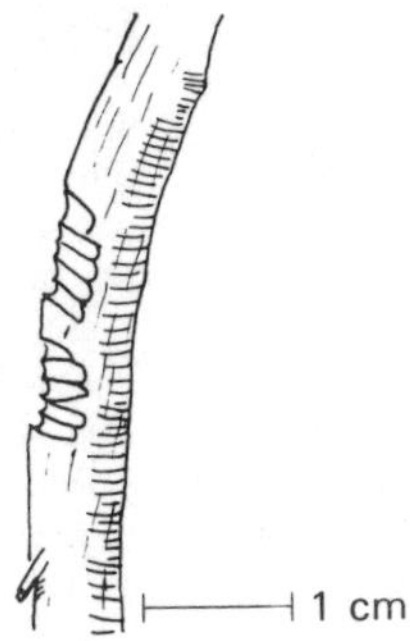

Fig. 4

Fig. 5

20 cm

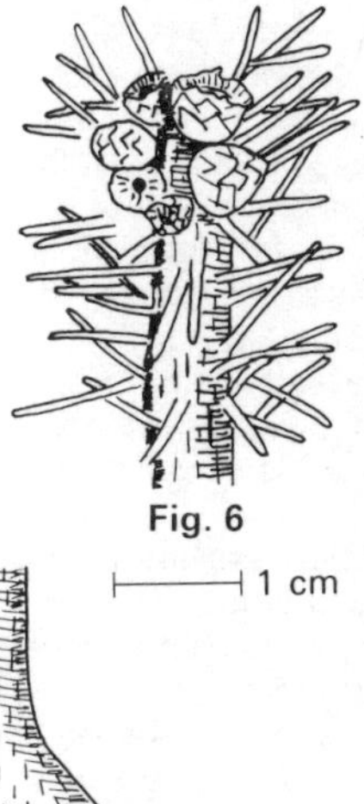

Fig. 6

1 cm

Fig. 7

10 cm

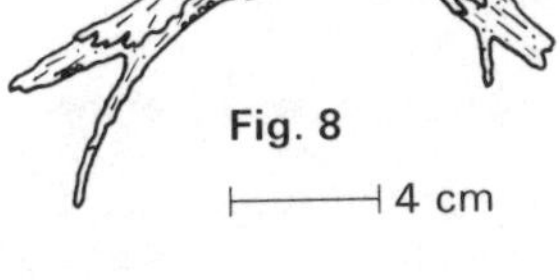

Fig. 8

4 cm

17

Tafel 18: Andere Spuren auf Bäumen

Fig. 1: Territorialmarkierung des Rehbocks
Der Rehbock markiert sein Territorium, indem er den Inhalt seiner Stirndrüsen gegen Baumstämme reibt. Dabei reißt er mit seinem spitzen Geweih die Rinde ziemlich tief ein. Gleichzeitig beschädigt der Rehbock auch Bäume, indem er Scheinangriffe gegen sie durchführt, besonders als Übersprungshandlung beim Vorhandensein eines Rivalen auf dem gleichen Territorium.

Fig. 2: Fegespuren des Hirsches
Die Geweihe der hirschartigen Tiere sind während ihres Wachstums von einer samtigen Haut überzogen, dem Bast. Wenn das Wachstum des Geweihs abgeschlossen ist, trocknet er aus und wird durch Fegen entfernt. Die Hirsche scheuern den Bast an Büschen und dünnen elastischen Baumstämmen ab. Dabei werden Rindenstücke abgeschält und Seitenzweige abgebrochen.

Fig. 3: Scheuerbaum eines Wildschweins
Nach dem Suhlen scheuern sich die Wildschweine an benachbarten Baumstämmen. Dabei bleiben oft Haare auf der Rinde zurück. Die Schäden an solchen Scheuerbäumen sind streng lokalisiert, aber oft spektakulär.

Fig. 4: Kratzspuren von Katzen an Flieder
Katzen kehren regelmäßig zu denselben Bäumen zurück, um ihre Krallen zu schärfen. Sie wählen Gewächse mit fasriger Rinde aus, etwa junge Nadelbäume oder Flieder. Die Rinde ist bis auf eine Höhe von 30 cm zerrissen.

Fig. 5: Grünspecht und sein Nest
Die Einschlupflöcher in Spechthöhlen sind abgerundet oder leicht oval, und daran kann man sie von den Löchern unterscheiden, die Spechte auf der Suche nach Insekten schlagen. Spechthöhlen liegen im allgemeinen in totem Holz oder in Bäumen, die am Fuß faul werden. Nur der Schwarzspecht ist imstande, seine Höhle in lebendiges Holz zu schlagen.

Fig. 6: Spur eines Blitzes an einer Hainbuche
Nur um Mißverständnissen vorzubeugen, bilden wir diese Spur hier ab. Wenn der Baum nicht zu schwer verletzt ist und den Blitzschlag überlebt, bildet er langsam Narbengewebe aus, um die freigelegte Wachstumsschicht zu überdecken.

Spuren an Früchten und Zapfen

Nadelholzzapfen, Bucheckern, Eicheln, Haselnüsse und andere Früchte sind sehr nährstoffreich und werden von vielen Tierarten gesucht. Wenn eine Eiche ihre Früchte ausgeschüttet hat, werden in den drei darauffolgenden Monaten von den kleinen Nagetieren des Waldes 50 Prozent davon verzehrt. Aber nur einige wenige Tiere wie unser Eichhörnchen haben sich

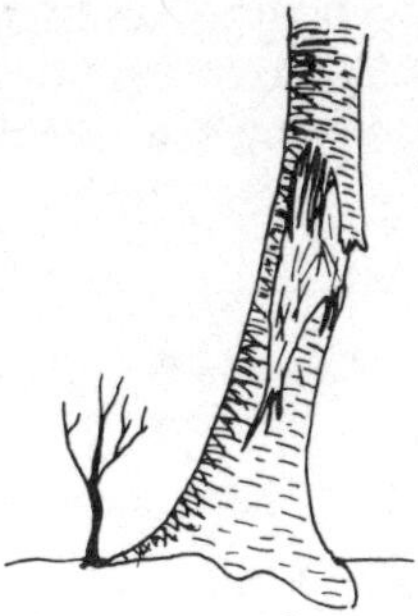

Fig. 1 ⊢—⊣ 10 cm

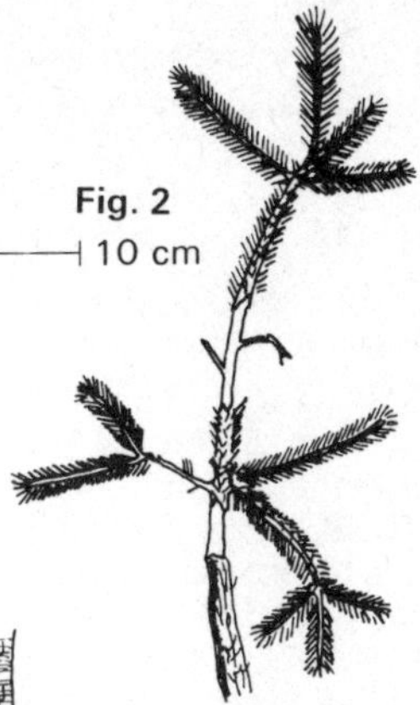

Fig. 2 ⊢—⊣ 10 cm

Fig. 3

Fig. 4 ⊢—⊣ 10 cm

Fig. 5 ⊢—⊣ 4 cm

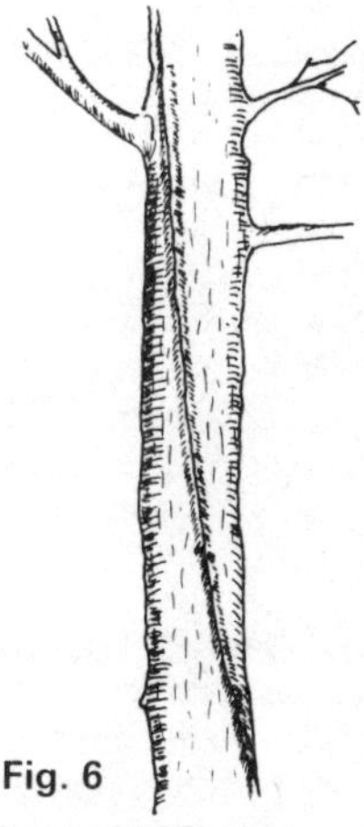

Fig. 6 ⊢—⊣ 20 cm

18

darauf spezialisiert, Sämereien und Nüsse zu fressen, denn die Fruchtbildung findet in unregelmäßigen Abständen statt. In Nadelwäldern hängt die Populationsdichte von Eichhörnchen vom Zapfenreichtum der Bäume ab.

Tafel 19: Spuren auf Früchten und Zapfen

Fig. 1: Vom Eichhörnchen abgenagter Fichtenzapfen
Um an die Sämereien zu gelangen, nagt das Eichhörnchen an jeder Zapfenschuppe und reißt sie dann weg. Dabei bleibt ein kleines Stück davon an der Zapfenspindel hängen. Die Schuppen am Ende des Zapfens sind meistens intakt, ausgenommen in Notzeiten.

Fig. 2: Vom Fichtenkreuzschnabel bearbeiteter Fichtenzapfen
Der Fichtenkreuzschnabel *(Loxia curvirostra)* biegt die Zapfenschuppen zurück, um mit seiner klebrigen Zunge den Samen aufnehmen zu können. Beim Zurückziehen des Kopfes wird die Zapfenschuppe der Länge nach aufgerissen.

Fig. 3: Von einer Maus abgenagter Fichtenzapfen
Da Mäuse nicht über die Kraft eines Eichhörnchens verfügen, müssen sie jede Schuppe Stück für Stück abnagen. Die benagten Zapfenspindeln haben eine viel regelmäßigere Oberfläche als beim Eichhörnchen.

Fig. 4: Spechtschmiede
Spechte klemmen die Zapfen in Rindenritzen ein oder schlagen zu diesem Zweck sogar ein Loch. Dann hacken sie die Zapfenschuppen mit Schnabelschlägen ab, um an die Samen zu kommen. Manche Bäume mit rissiger Rinde tragen Dutzende von Zapfen.

Fig. 5: Von einer Maus benagte Haselnuß
Mäuse öffnen Haselnüsse oft von der Seite. Die oberen Schneidezähne hinterlassen dabei zusätzlich eine Spur in Form einer schrägen Kante.

Fig. 6: Von einer Waldwühlmaus benagte Haselnuß
Die Tiere öffnen die Spitze und bringen keine schräge Kante bei.

Fig. 7: Von einem Eichhörnchen benagte Haselnuß
Das Eichhörnchen bohrt ein kleines Loch an einer Stelle mit verringerter Festigkeit. Dort führt es die unteren Schneidezähne ein, stützt die oberen Schneidezähne auf und läßt die Schale durch Druck zerspringen.

Fig. 8: Vom Kleiber geöffnete Eichel
Der Kleiber *(Sitta europaea)* verkeilt Eicheln oder Haselnüsse in Rindenritzen, um sie nach Spechtart gleich aufzuschlagen und zu verzehren oder um ein Lager davon anzulegen.

Fig. 9: Eichel aus dem Versteck eines Eichelhähers
Die Eichel trägt die Schnabelspuren des Eichelhähers *(Garrulus glandarius)*. Der Muskelmagen dieses Tieres verdaut ganze mit Schale heruntergeschluckte Eicheln.

2 cm

Fig. 1

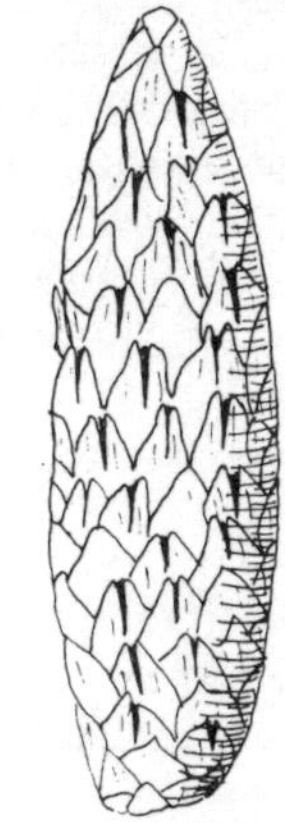

Fig. 2

Fig. 3

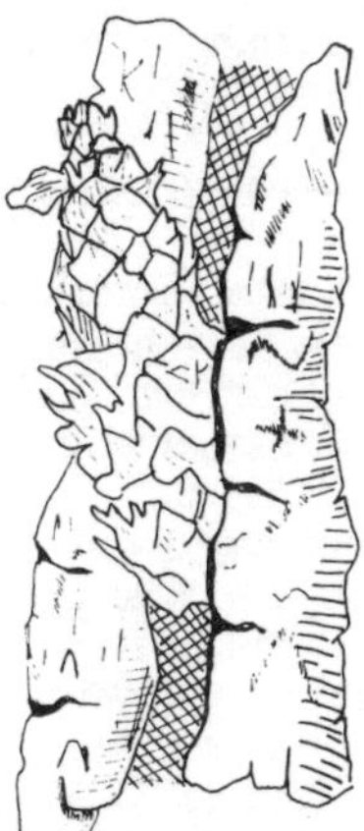

Fig. 4

2 cm

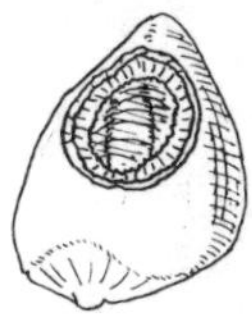

Fig. 5

1 cm

Fig. 6

Fig. 8

2 cm

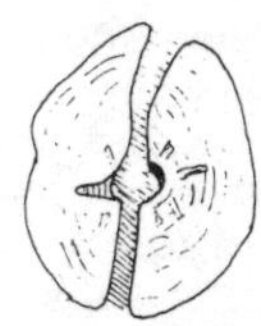

Fig. 7

1 cm

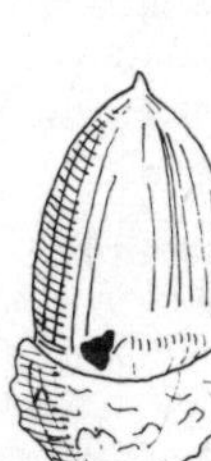

Fig. 9

1 cm

Spuren an Kulturpflanzen

Die verschiedenen Getreidearten, die ein Grundnahrungsmittel fast aller Menschen darstellen, sind sehr empfindlich auf Angriffe von seiten der Tiere. Der Weltgesundheitsorganisation zufolge werden fast 50 Prozent aller Getreidefrüchte auf der Welt von Insekten, Nagetieren oder Vögeln aufgefressen oder für den menschlichen Gebrauch ungeeignet gemacht.
Es ist oft unmöglich, Weide- oder Nagespuren auf zarten Kräutern nach ihren Urhebern zu bestimmen. Das ist nur mit zusätzlichen Informationen möglich:

- Rabenvögel graben eben gekeimte Samen aus, Gänse fressen die jungen Pflanzen, Reh, Hirsch und Dachs die noch unreifen Ähren, Spatzen die reifen Körner.
- Die Verteilung der Schäden kann Hinweise geben (punktuell, in Gruppen oder größere Flächen bedeckend).
- Zusätzliche Hinweise geben uns Fußspuren sowie Kot und Losung.

Tafel 20: Spuren an Kulturpflanzen

Fig. 1: Von Feldhasen oder Wildkaninchen benagte rote Bete
Die typische Form erinnert an einen umgekehrten Pilz. Ist eine rote Bete aufgefressen, so wird die nächste Wurzel angebissen.

Fig. 2: Von einem Hirsch benagte rote Bete
Hirsche fressen junge rote Beten völlig auf und verderben viele andere, weit mehr, als sie selber fressen. Sind die Wurzeln zu groß geworden, um ausgerissen zu werden, so fressen die Hirsche die aus dem Boden ragenden Teile. Ihre breiten Schneidezähne hinterlassen dabei gut sichtbare Spuren.

Fig. 3: Von einer Feldmaus benagte rote Bete
Mäuse greifen rote Beten von unten an und kehren immer wieder zum Fressen zurück, bis nur noch der beblätterte Hut und die Haut übrigbleiben. Der Hamster und die Wanderratte beginnen mit dem Benagen der oberirdischen Teile.

Fig. 4: Feldmaus beim Benagen von Hafer
Kleine Nagetiere schneiden die Halme in Stücke und fressen die Fruchtstände kurz vor der Reife. Schößlinge werden gänzlich abgeweidet.

Fig. 5: Weidespuren und Wechsel von Feldhasen und Wildkaninchen
Der Feldhase (links) weidet kleine runde Flächen ab und verbindet sie mit einem Netz von Pfaden und Wechseln. Das Wildkaninchen (rechts) hingegen weidet größere Flächen ganz ab.

Fig. 6: Von Amseln gefressene Äpfel
In Hungerzeiten fressen Vögel auf den Boden gefallene oder an Bäumen hängende Äpfel völlig aus. Sie picken das Fleisch heraus und lassen nur die Haut und das Kerngehäuse stehen.

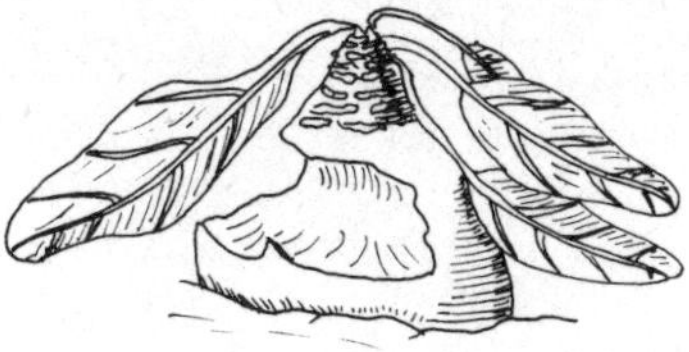

Fig. 1 ⊢—⊣ 3 cm

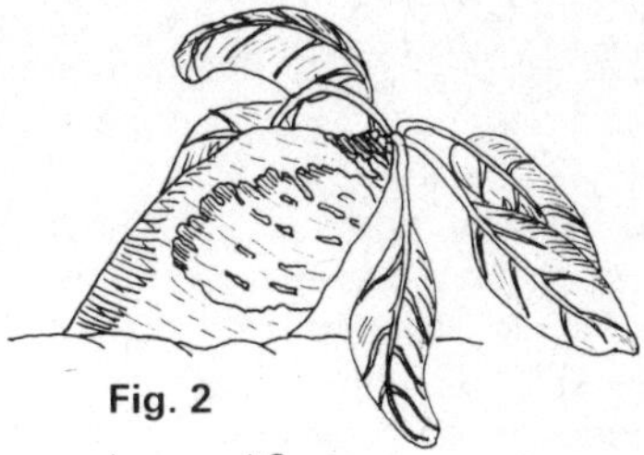

Fig. 2

⊢—⊣ 3 cm

Fig. 3 ⊢—⊣ 3 cm

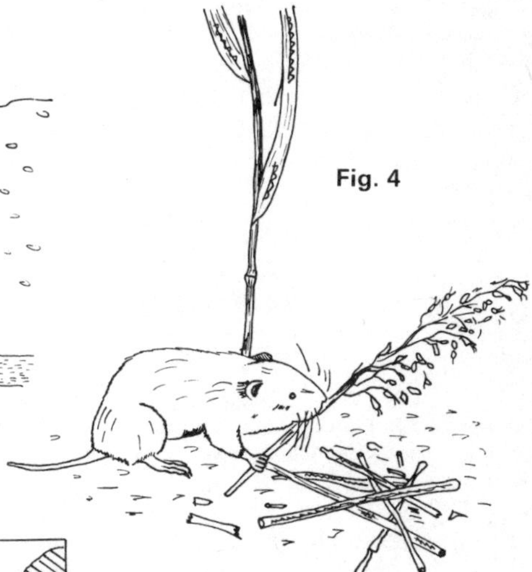

Fig. 4

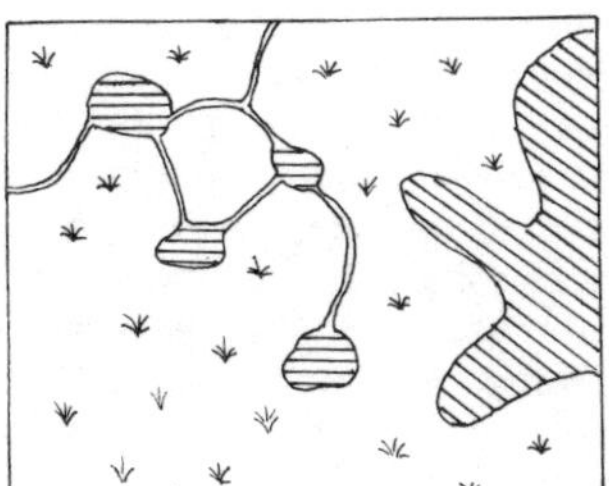

Fig. 5

Fig. 6

Fraßspuren von Fleischfressern

Solche Spuren sind natürlich viel weniger häufig als die Fraßspuren von Pflanzenfressern: Fleisch ist ein wertvolles und gesuchtes Nahrungsmittel, und das geringste Fleischstück, das ein Räuber von seiner Beute übrig läßt, frißt bald ein anderes Tier. Da die meisten Beutetiere, welche von Räubern gefangen werden, nur geringe Ausmaße zeigen (Insekten, kleine Nagetiere), finden wir Überreste und Spuren von ihnen nur in Kot und Losung.
Wer im Laufe seiner Exkursionen tote Tiere findet, kommt sicher in die Versuchung, sie in die Hand zu nehmen, um die Todesursache festzustellen oder um den Schädel für die Sammlung mitzunehmen. Das sollte man nur mit Gummihandschuhen tun. Danach sollte man sie reinigen und desinfizieren und auch die Hände noch einmal mit Seife waschen. Um den Kadaver eines kleinen Tieres aufzunehmen, reicht eine umgestülpte Plastiktüte aus: Man stülpt sie wieder zurück. Die Beschreibungen der folgenden Fraßspuren sind nur Beispiele. Sie sollen zeigen, zu welchen Schlüssen aus dieser Art von Indizien ein kundiger Beobachter gelangen kann.

Tafel 21: Fraßspuren von Räubern

Fig. 1: Federn
Federn halten sich in unserem feuchten Klima nur schlecht und werden auch sofort wieder für den Nestbau verwendet. Säugetiere pflegen sie dabei vorher zu zerreißen. In der Natur begegnet man gelegentlich intakten oder nur an der Spitze leicht ausgefransten Federn (a). Sie sind meistens bei der Mauser ausgefallen und wurden von ihrem Träger selbst beschädigt, besonders wenn es sich um Schwanz- oder Schwungfedern handelt. Wenn Raubvögel ihre Beutetiere rupfen, bleiben die Federn fast vollständig (b); nur die Basis ist bisweilen gebrochen oder angeknickt. Räuberische Säugetiere reißen die großen Federn nicht aus, sondern schneiden sie mit ihren Zähnen durch (c). Die Schaftbasis bleibt dabei in der Haut stecken.

Fig. 2: Von einem Iltis geleertes Ei
Eierfresser zu bestimmen ist sehr schwer, denn nur wenige zerbrochene Eischalen zeigen charakteristische Marken. Bisweilen bleibt der Abdruck der Eckzähne erhalten. Aus dem Abstand der entsprechenden Marken oder Löcher läßt sich die Größe des Tieres abschätzen. Wie ein von Säugetieren geleertes Ei aussieht, hängt von den besonderen Gewohnheiten des betreffenden Individuums und seiner Übung ab. Wie es das Ei öffnet, ist also nicht angeboren, sondern erlernt.

Fig. 3: Von einer Aaskrähe geöffnetes Ei
Wenn Rabenvögel Eier leeren, so zerschlagen sie die Schalen in große Schuppen und lassen das Eiweiß oft zurück.

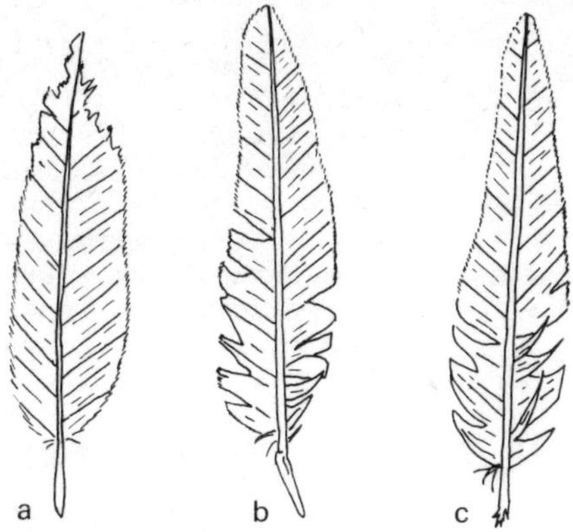

Fig. 1 2 cm

2 cm

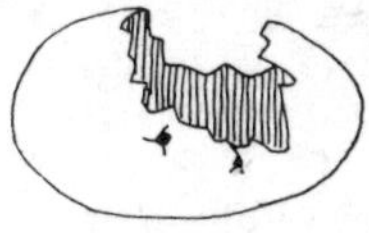

Fig. 2

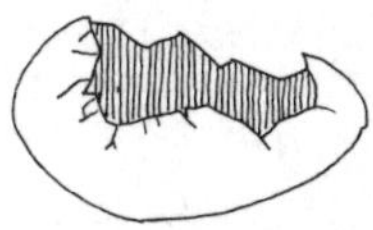

Fig. 3

2 cm

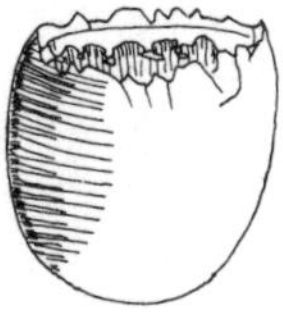

Fig. 4

2 cm

Fig. 5

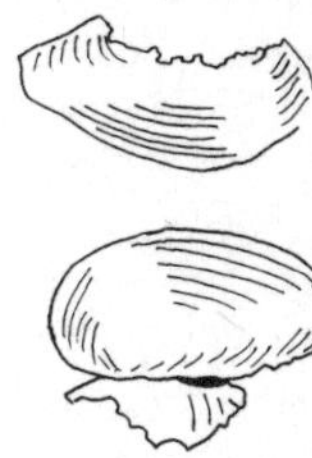

Fig. 6

2 cm

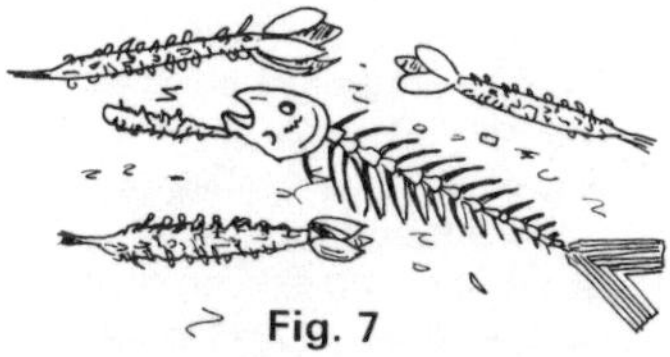

Fig. 7

2 cm

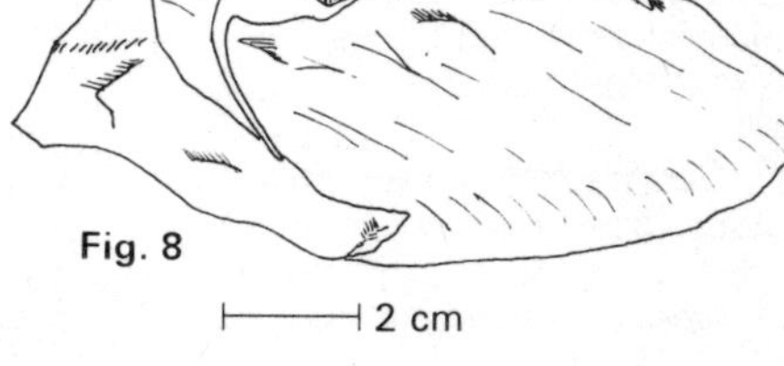

Fig. 8

2 cm

21

Fig. 4: Schale eines Eies
Ein regelmäßiger, fein gezähnter Schnitt deutet auf die Tätigkeit des Eizahnes vor dem Ausschlüpfen hin. Bodenbrüter bringen die Schalen der leeren Eier weit weg.

Fig. 5: Von einer Aaskrähe verstecktes Entenei
Ratten, Marder und Rabenvögel können Eier transportieren, ohne sie zu zerbrechen. Der Autor selbst war Zeuge, wie eine Aaskrähe dieses Stockentenei 300 m in der Luft transportierte und schließlich versteckte.

Fig. 6: Von einer Bisamratte aufgeknackte Teichmuschelschalen
Nagetiere fressen ziemlich oft schalentragende Weichtiere. In der Nähe von Mausnestern kann man bisweilen Schalen von Landschnecken finden, deren oberste Windungen abgenagt wurden.

Fig. 7: Von einem Eichhörnchen abgenagter Fisch
Auch das Eichhörnchen betätigt sich gelegentlich als Fleischfresser und Räuber: es frißt Eier, Nestlinge, Insekten, selbst wenn genügend pflanzliche Nahrung vorhanden ist. Der Fisch stammte von der Mosel und wurde vom Eichhörnchen wohl tot am Ufer gefunden. Es brachte ihn an die Stelle, wo es normalerweise den Nadelholzzapfen die Schuppen abreißt.

Fig. 8: Vom Fuchs getötete Spitzmaus
Räuberische Säugetiere töten oft Spitzmäuse, fressen sie aber wegen ihres zu starken Geruches nicht. Nur die Schleiereule frißt regelmäßig auch die gefangenen Spitzmäuse.

Tafel 22: Fraßspuren von Vögeln

Fig. 1: Vom Sperber geschlagene Drossel
Wenn Greifvögel wie der Sperber, der Habicht und der Wanderfalke Vögel fangen, schneiden sie ihnen sehr oft den Kopf ab. Dann fressen sie zuerst die Brustmuskeln, die sie mit den scharfen Schnäbeln abschneiden.

Fig. 2: Von einem Mäusebussard gefressene Wanderratte
Die Haut ist umgestülpt wie der Finger eines Handschuhs.

Fig. 3: Schmiede einer Singdrossel
Die Singdrossel *(Turdus philomelos)* hat besondere Plätze, meist einen flachen Stein, zu denen sie die gefundenen Schnecken bringt. In der Drosselschmiede bricht sie dann die Schalen auf. Ähnliche Schmieden von Möwen finden wir auch am Strand.

Fig.4: Von einer Blaumeise geöffneter Flaschendeckel
In Großbritannien haben es die Blaumeisen gelernt, die Deckel von Milchflaschen zu öffnen, welche der Milchmann vor der Haustür abstellt. Die Vögel trinken den Rahm.

Fig. 5. Vom Grünspecht verwüstetes Ameisennest
Ameisennester können auch von Vögeln aufgesucht werden, die dort ein Staubbad nehmen wollen.

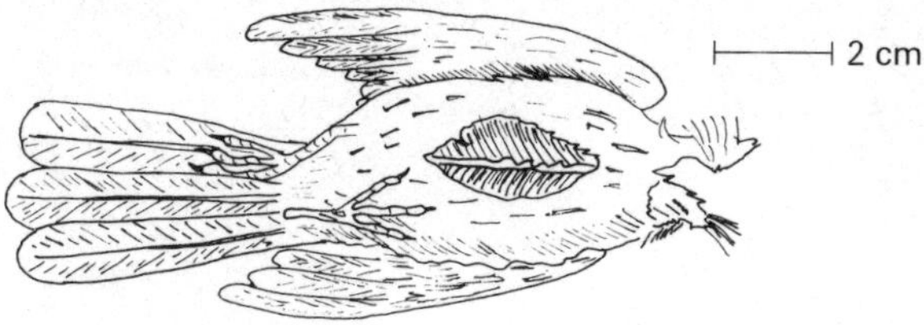

Fig. 1

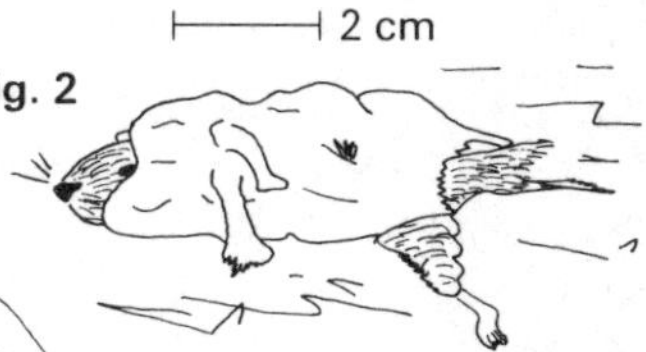

Fig. 2

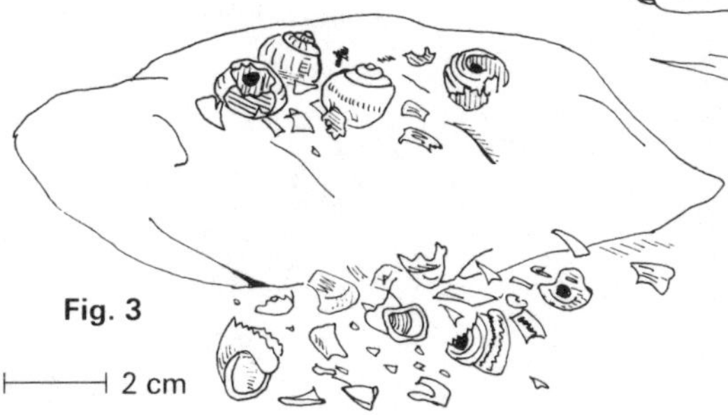

Fig. 3

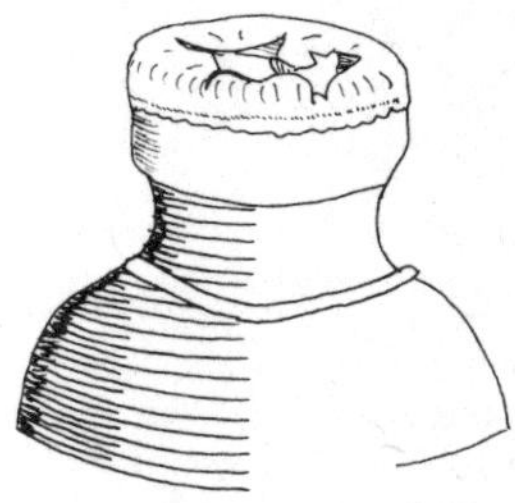

Fig. 4

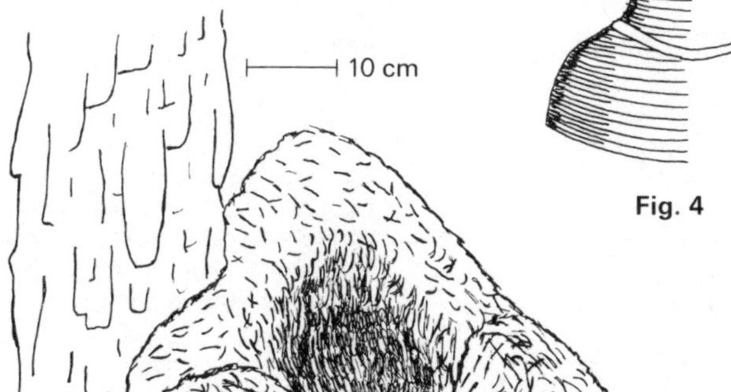

Fig. 5

22

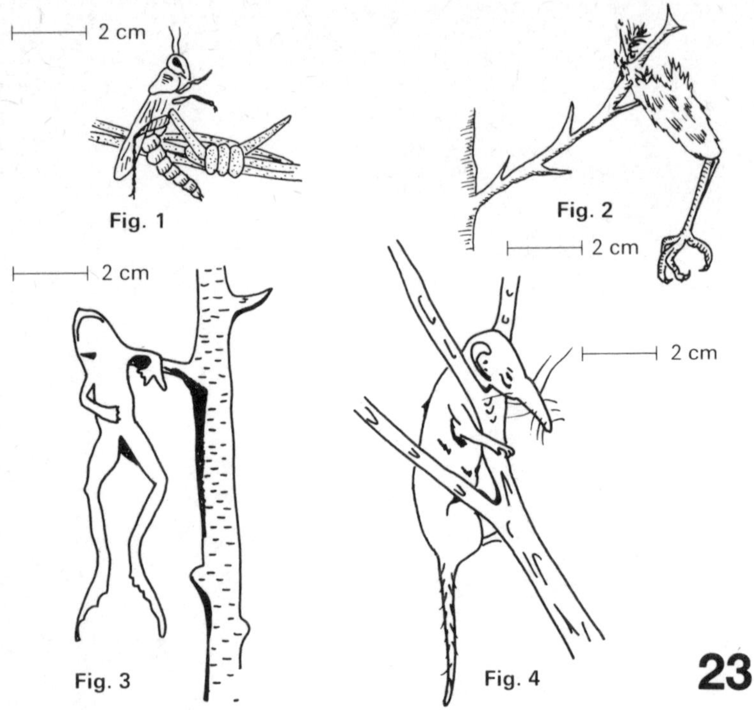

Tafel 23: Die „Vorratskammern" des Neuntöters

Am Stacheldrahtzaun von Einfriedungen können wir gelegentlich aufgespießte Insekten finden (Fig. 1). Es handelt sich dabei um Nahrungsvorräte des Neuntöters *(Lanius collurio).* Der verwandte, aber viel größere Raubwürger *(Lanius excubitor)* fängt häufig größere Beutetiere wie Spatzen (Fig. 2), Frösche (Fig. 3) oder Spitzmäuse (Fig. 4). Er spießt seine Beutetiere auf die langen Dornen des Weißdorns oder klemmt sie in eine Astgabel. Es kommt vor, daß ein Dorn mehrere Beutetiere trägt.

Tafel 24: Fraßspuren von Säugetieren

Fig. 1: Vom Fuchs verstecktes Rebhuhn
Räuber, die Beutetiere verstecken wie dieser Fuchs, markieren ihr Eigentum oft mit einem Harnspritzer.

Fig. 2: Von einem Dachs zerstörtes Wespennest
Der Dachs legt das Nest frei, indem er das tote Holz abreißt oder einen kurzen Gang im Boden gräbt.

Fig. 1 6 cm

Fig. 2

10 cm

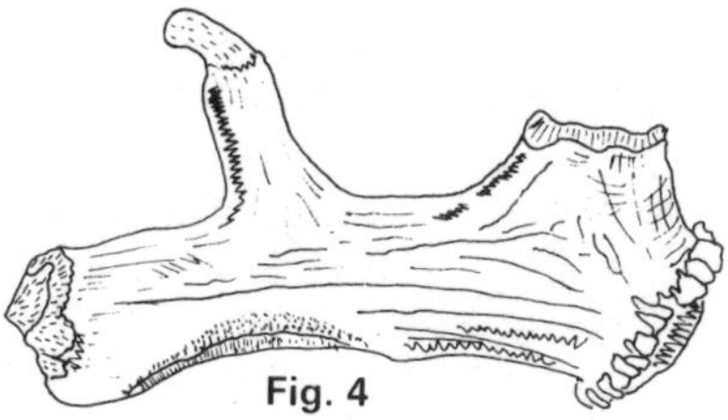

Fig. 4

2 cm

Fig. 5

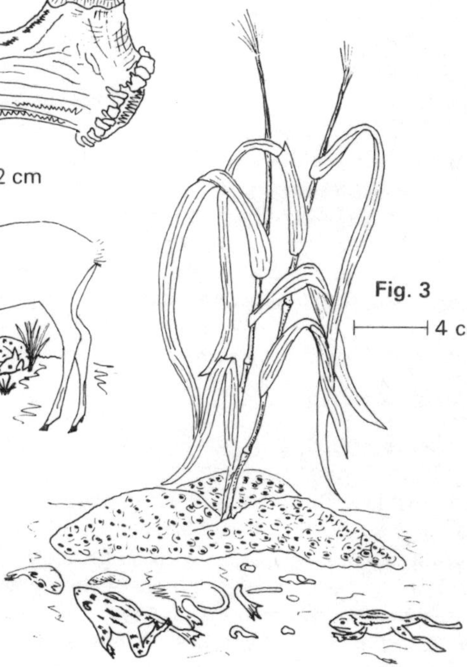

Fig. 3

4 cm

24

Fig. 3: Freßplatz des Iltisses
Frösche spielen in der Ernährung des Iltisses eine große Rolle. Zur Laichzeit preßt er den Weibchen den Bauch aus, bevor er sie frißt. Die Eier quellen auf und bilden am Teichufer größere Haufen. Der Schädel bleibt manchmal zurück und trägt dann die Spur der Zähne, mit denen er seine Beute tötet.

Fig. 4: Von Mäusen benagtes Rehgeweih
Geweihe werden von kleinen Nagetieren bevorzugt gefressen, weil sie leicht assimilierbare Mineralsalze enthalten. Deswegen findet man so selten intakte Geweihe, auch in reh- und hirschreichen Wäldern.

Fig. 5: Ricke beim Fressen des Mutterkuchens
Wenn wir einen Mutterkuchen (Plazenta) auf einer Wiese finden, stammt er meist von Haustieren, denn Wildtiere fressen ihn kurz nach der Geburt auf. In manchen Gebieten haben sich die Füchse daran gewöhnt, Schafplazenten zu fressen.

Wir untersuchen das Territorium eines Fuchses

Um ihr Territorium abzugrenzen, geben die Füchse ihre Losung deutlich sichtbar auf Steine, Strünke und hohe Maulwurfshaufen ab. Um das Territorialverhalten des Fuchses zu untersuchen, legen wir in der Nähe der Erdbaue einen Köder aus, der aus Hackfleisch vermischt mit farbigen Wollfäden besteht. Um einzelne Füchse zu unterscheiden, verwenden wir bei jedem Erdbau eine andere Farbe. Anschließend müssen wir die Orte der Kotablage und in der Losung die farbigen Wollfäden finden. Auf diese Weise erfahren wir:
– die Gebiete, welche der Fuchs besonders intensiv besucht
– die größte Entfernung vom Erdbau
– die Gebiete, welche mehrere Füchse gemeinsam haben.
Wenn wir diese Versuche wiederholen, erfahren wir, welche Gebiete der Fuchs regelmäßig und welche er nur gelegentlich besucht.

Kot und Losung

Die unverdaulichen und wieder ausgeschiedenen Nahrungsbestandteile heißen in der Umgangssprache Kot, in der Jägersprache Losung. Die Jäger haben noch eine Reihe anderer Ausdrücke, zum Beispiel Geschmeiß für die weiße flüssige Losung fleischfressender Vögel, Gestüber für die Losung pflanzenfressender Vögel. Losung und Kot stellen nicht gerade edle Materialien dar, verdienen aber doch das Interesse des Naturfreunds, denn sie können ihm viele Informationen liefern.
Wenn Naturforscher wissen wollen, was eine bestimmte Tierart frißt, so ist es in den meisten Fällen am einfachsten, die Losung nach ihren Bestand-

Stockente

Aaskrähe

Mäusebussard

Waldkauz

Trottellumme

Turmfalke

Bläßhuhn

Star

Lachmöwe

Amsel

Flußregenpfeifer

Wachtel

Turteltaube

Kuckuck mit Gartenrotschwanz

Kuckuck mit Wiesenpieper

Rauchschwalbe

Heckenbraunelle

Seidensänger

Nachtigall

Rotkehlchen

Haussperling

Buchfink

Kohlmeise

teilen zu analysieren. Die Losung von Wiederkäuern ist in dieser Hinsicht allerdings nicht aufschlußreich, denn die Pflanzenreste lassen sich wegen der intensiven Verdauung nicht mehr bestimmen. In diesen Fällen müssen die Biologen auf die Analyse des Mageninhalts zurückgreifen. Säugerlosung sollte man nur mit Pinzetten oder Handschuhen berühren, denn es besteht die Gefahr der Übertragung von Parasiten oder Krankheiten.

Tafel 25: Losung

Fig. 1: Horst des Gänsegeiers
Die Greifvögel geben flüssiges Geschmeiß ab. Wenn sie in Felsen nisten, wie der Gänsegeier und der Wanderfalke, färben sie mit ihrem Kot die Umgebung weiß. Die Horste sind deswegen oft von weither zu erkennen. Ist der Horst verlassen, dann wachsen reichlich Flechten auf den stickstoffgedüngten Felsen. Auf diese Weise gelingt es, auch sehr alte Greifvogelhorste ausfindig zu machen.

Fig. 2: Fuchslosung auf einer Mauer
Raubtiere und gewisse Pflanzenfresser markieren mit ihrer Losung die Grenzen des Territoriums. Sie geben sie an gut sichtbaren, oft erhöhten Stellen ab, so daß sich der Duft des darüber verspritzten Harnes möglichst weit ausbreiten kann. Die Tiere besuchen diese strategischen Punkte immer wieder und versehen sie mit frischer Losung.

Fig. 3: Sommerlosung des Steinmarders
Im Sommer und im Herbst fressen die Marder, die Dachse und die Füchse viele Früchte. Sie verschlucken Kirschen und Pflaumen ganz, ohne die Kerne wieder auszuspucken. Wenn der Regen ihre Losung aufgelöst und abgewaschen hat, bleiben an den Kotplätzen kleine Haufen aus Samen

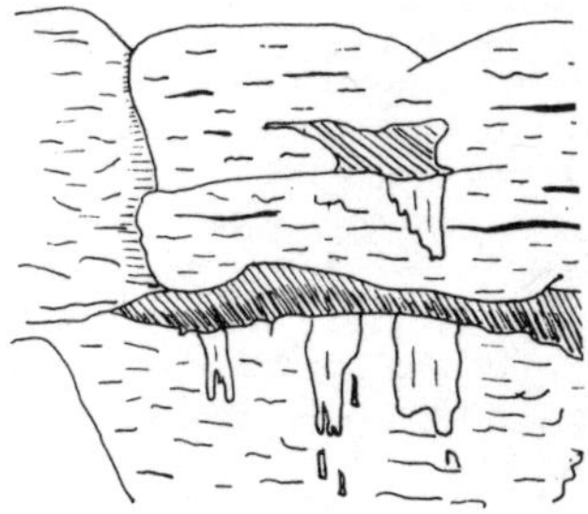

Fig. 1

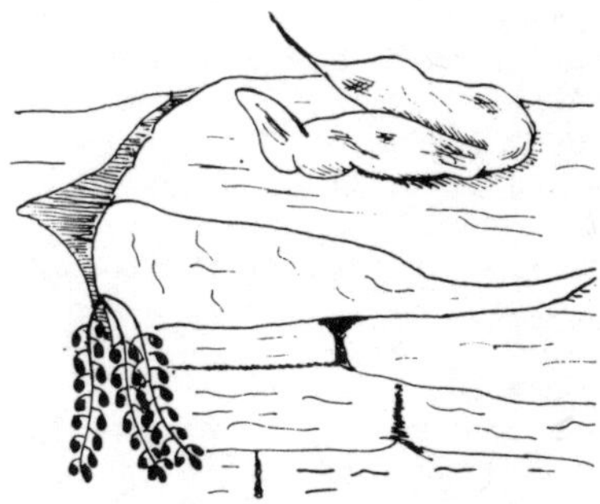

Fig. 2 ⊢—⊣ 2 cm

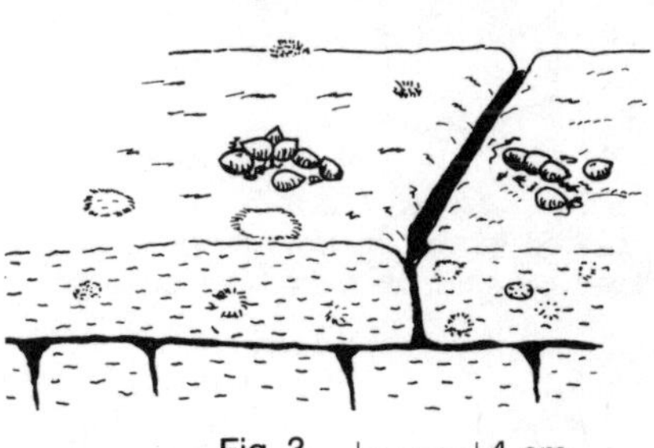

Fig. 3 ⊢—⊣ 4 cm

25

und Kernen zurück. Besonders häufig finden sie sich auf kleinen Mäuerchen.

Fig. 4: Wildkatze
Die Losung der Wildkatze ist bisweilen von Blättern oder Erde überdeckt. Die Losung ist am Ende zu einer Spitze ausgezogen – ein Merkmal fast aller Raubtiere. Die trokkene Losung zerbröselt leicht in Stücke, die auf der einen Seite zugespitzt, auf der anderen ausgehöhlt sind. Die Fuchslosung ist ziemlich ähnlich, im allgemeinen aber etwas breiter (2 cm) als bei der Wildkatze (1,5 cm). Der Fuchs vergräbt seine Losung nie. Die frische Losung beider Arten unterscheiden sich auch im Geruch.

Fig. 5: Iltis
Zwischen der Losung des Iltisses, des Steinmarders, des Baummarders und des Nerzes gibt es nur geringe Größenunterschiede. Das Aussehen hängt vom Inhalt ab. Nur das Studium der Umwelt und das Auffinden weiterer Spuren macht eine Bestimmung möglich.

Fig. 6: Hermelin
Die Losung ist ziemlich regelmäßig verdreht und mißt 5 mm im Durchmesser. Die in der Form ähnliche Losung des Mauswiesels erreicht nur einen Durchmesser von 2 mm.

Fig. 7: Feldhase
Der Feldhase gibt seine 15-20 mm große Losung regellos auf seinen Wechseln ab. Bei der Häsin (a) sind sie rundlicher als beim Männchen (b). Die Losung des Wildkaninchens ist kleiner (Durchmesser 10 mm) und oft gruppenweise auf Erdhaufen zu finden, wo sie das Territorium markieren.

Fig. 8: Reh
Das Reh und der Damhirsch haben sehr ähnliche Losung. Ihre Form schwankt jedoch nach dem jahreszeitlichen Nahrungsangebot. Die Losung der Ricke (b) und der Hirschkuh sind kleiner als die ihrer Männchen (a). Mittlere Länge der Losung: Reh 1 cm, Damhirsch 1,5 cm, Rothirsch 2 cm.

Fig. 9: Gestüber von Vögeln
Die festen Gestüber sind zylinderförmig und an einer Spitze mehr oder minder ausgedehnt weiß gefärbt (a: Gans), bisweilen zu einer unregelmäßigen Spirale gerollt (b: Fasan). Wenn sie aus unverdauten Sämereien bestehen, nehmen sie die Form eines Zylinders mit buckliger Oberfläche an (c: Amsel, mit Hagebuttensamen).

Fig. 10: Hirsch
Jäger können aus der Form der Losung einiges über das Alter und den allgemeinen Zustand des Hirsches erfahren:
a. alter Hirsch im Frühjahr
b. geweihloser Hirsch im Juni
c. Ende des Frühjahrs
d. kranzartige Losung zu Beginn des Sommers.
Die Losung des Wildschweins ist ähnlich den Fig. 9 a und 9 c, scheint aus mehreren Knollen zusammengesetzt zu sein und erreicht die Größe einer Mandarine.

Fig. 4

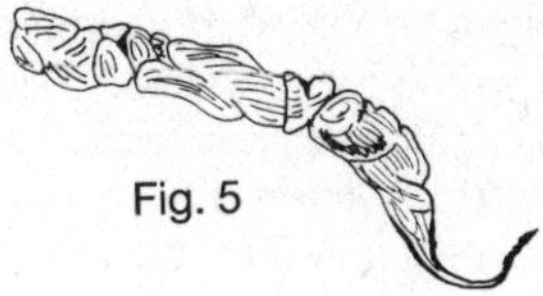
Fig. 5

2 cm

Fig. 6

a Fig. 7 b

2 cm

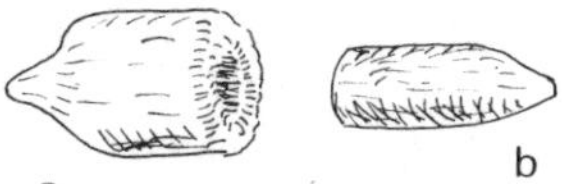
a Fig. 8 b

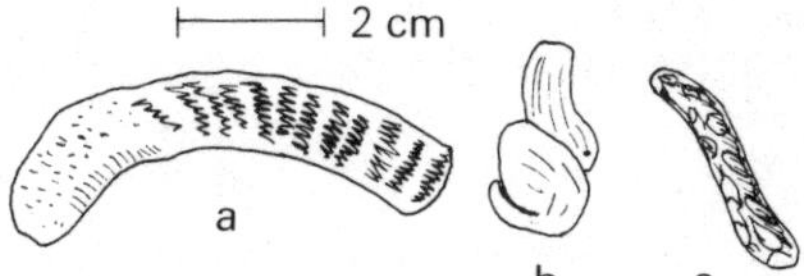
a Fig. 9 b c

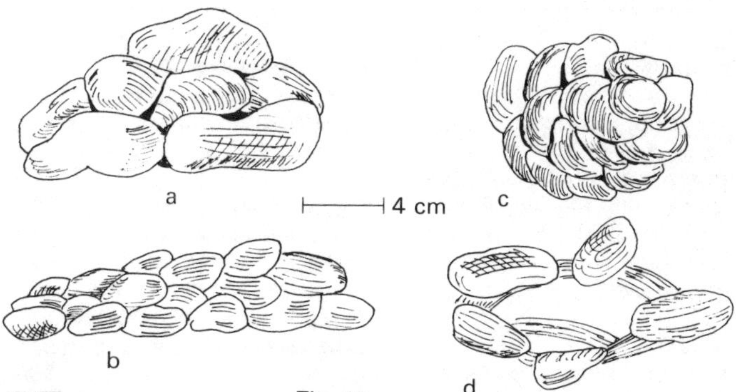

25

Fig. 10

Gewölle

Greifvögel, Rabenvögel, Möwen und Würger verdauen ihre Beutetiere nur zum Teil. Knochen, Federn, Haare, Stücke von Insektenpanzern und andere unverdauliche Bestandteile werden im Magen von einem klebrigen Schleim miteinander verbunden und bilden schließlich eine kleine rundliche Masse, das Gewölle. Der Vogel würgt es hoch und gibt es über den Schnabel ab. Die

Analyse von Greifvogelgewöllen gibt dem Zoologen vielfältigen Aufschluß: über die Ernährungsweise der Greifvögel ebenso wie über die Verbreitung und die Populationsstruktur ihrer Beutetiere. Ein genaues Abbild des Speisezettels können die Gewölle allerdings auch nicht bieten, denn die Knochen kleiner Arten oder junger Tiere werden leichter verdaut, während nur größere Knochen zurückbleiben. Die Vögel trennen oft auch den Kopf der Beutetiere ab und zerteilen diese, um nur die Muskelmassen zu fressen. Regenwürmer und nur schwach gepanzerte Insekten hinterlassen ebenfalls keine Überreste.

Wer sich mit der Gewöllanalyse beschäftigen will, beginnt am besten bei Nachtgreifvögeln, denn die Käuze und Eulen verschlingen ihre Beutetiere im allgemeinen ganz, ohne sie zuvor zu zerteilen. Die Magensäfte wirken weniger lang ein als bei den Taggreifvögeln; die Knochen sind deswegen besser erhalten und leichter zu bestimmen.

Tafel 26: Gewölle

Fig. 1: Waldkauz
Die frischen Gewölle des Waldkauzes *(Strix aluco)* sind kompakt und erscheinen wie mit einer leichten Lackschicht überzogen. Mit der Zeit werden sie matt und lösen sich bald auf unter der Wirkung des Klimas und von Insekten, die sich davon ernähren oder darauf ihre Eier ablegen.

Fig. 2: Würger
Die olivengroßen Gewölle bestehen ausschließlich aus den feinen Resten von Insektenpanzern. Die Gewölle sind sehr mürbe und müssen mit Vorsicht angefaßt werden, wenn man sie ganz aufbewahren will.

Fig. 3: Aaskrähe
Das Frühsommergewölle des Aaskrähe *(Corvus corone)* besteht zur Hauptsache aus Kirschkernen. In anderen Jahreszeiten stellen die Reste von Insekten und kleinen Nagetieren einen wichtigen Bestandteil dar.

Fig. 4: Schwarzmilan
Man erkennt in den Gewöllen des Schwarzmilans *(Milvus migrans)* zahlreiche Gräten und Fischschuppen.

Fig. 5. Silbermöwe
Das Gewölle setzt sich aus Sand und Krebspanzerstücken zusammen. Wie die Krähen ernähren sich auch die Möwen gerne auf Müllplätzen. Ihre Gewölle zeigen dann die unterschiedlichsten Bestandteile, zum Beispiel Alufolie, große Knochen usw.

Fig. 6: Ansitzpfähle von Mäusebussarden
Die Gewölle von Mäusebussarden *(Buteo buteo)* sammeln sich am Grunde der Pfähle an, auf denen die Vögel Beutetieren auflauern. Gleichzeitig zeigen die Pfähle oft Flecken des weißen Geschmeißes. Da Losung wie Gewölle als Dünger wirken, ist das Gras um die Pfähle herum stets etwas höher und dichter.

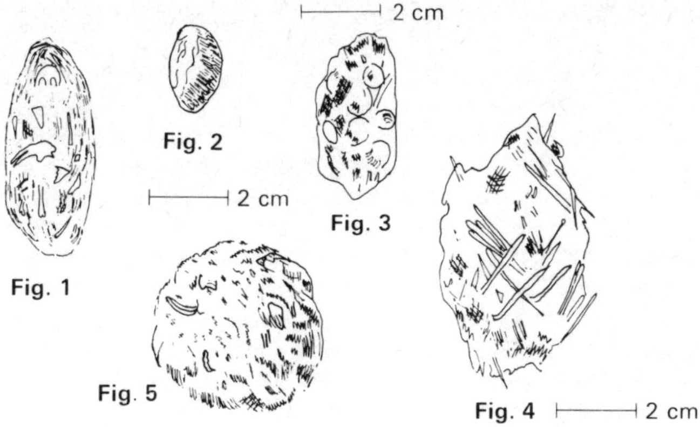

Fig. 1 Fig. 2 Fig. 3 Fig. 4 Fig. 5

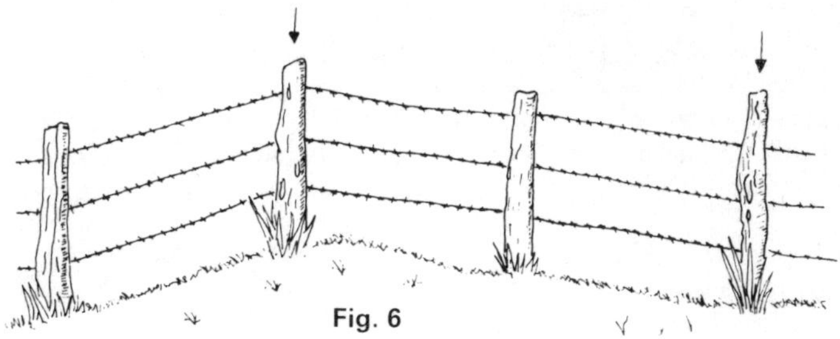

Fig. 6

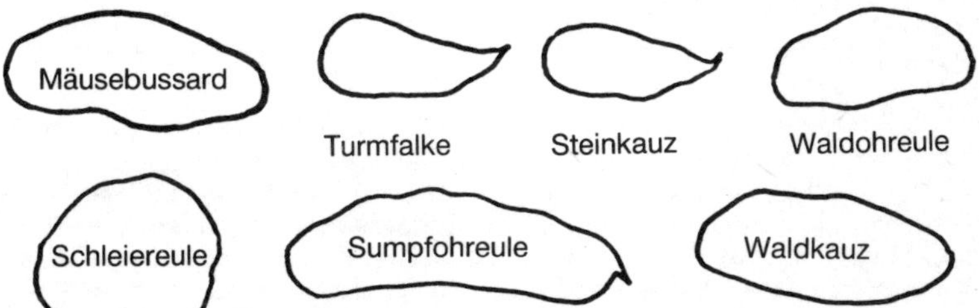

Fig. 7 2 cm

Fig. 7: Greifvögel

Gewölle von Turmfalken *(Falco tinnunculus)* findet man in der Ebene am Fuß von Pfählen und Telefonstangen, die Gewölle von Steinkäuzen *(Athene noctua)* am Fuß alter Bäume an Waldrändern oder in Gehölzen. Die Gewölle der Waldohreule *(Asio otus)* sammeln sich unter großen Nadelbäumen, die der Schleiereule *(Tyto alba)* in Kirchtürmen und Scheunen an. Die Sumpfohreule *(Asio flammeus)* gibt ihr Gewölle an ihren Ansitzen in Feuchtgebieten ab. Gewölle des Waldkauzes *(Strix aluco)* finden wir in Laubwäldern, Parks, gelegentlich auch Scheunen.

Nahrungsvorräte

Viele Säuger und auch gewisse Vögel haben die Gewohnheit, Nahrungsvorräte anzulegen. Dieses Verhalten beobachten wir vor allem bei Räubern, wenn ein Überangebot an Beutetieren herrscht: Füchse und Wölfe vergraben Kadaver, die sie nur teilweise aufgefressen haben. Marder und Käuze sammeln in ihrem Unterschlupf oder in dessen Nähe getötete kleine Nagetiere an. Im Frühjahr legen der Iltis und der Nerz Vorräte an Fröschen an. Der Maulwurf schließlich lähmt gefangene Regenwürmer und sammelt sie in einem Speicher. Besonders häufig finden wir die Vorratsbildung bei Nagetieren, weil sie Arten, die nicht in den Winterschlaf fallen, eine dauernde Ernährung gewährleistet. Der Biber legt sich Vorräte von Ästen und Knüppeln an und frißt deren Rinde, wenn die Gewässer zufrieren. Die kleinen Nagetiere bauen sich eigene Vorratsspeicher unter der Erde.
Getreidekörner sind keineswegs die einzigen Nahrungsmittel, von denen die Tiere Vorräte anlegen. Ebenso gesammelt werden auch Zwiebeln, Wurzeln, Schößlinge, Wurzelstöcke, Früchte und auch grüne Blätter. Diese Nahrungsmittel werden sorgfältig gereinigt, geputzt und haufenweise geordnet. Die tiefe und konstante Temperatur in den Erdbauen und ihr erhöhter Gehalt an Kohlendioxid haben zur Folge, daß sich die Nahrungsreserven gut konservieren.

Tafel 27: Nahrungsvorräte

Fig. 1: Spuren eines Eichhörnchens beim Ausgraben seiner Vorräte
Das Eichhörnchen *(Sciurus vulgaris)* ist bekannt dafür, daß es Vorräte anlegt. Vom Frühsommer an füllt es kleine Höhlungen, denen es auf seinen täglichen Wegen begegnet, mit Sämereien und bedeckt sie dann symbolisch mit toten Blättern, auf Bodenhöhe auch mit Erde. Wenn es im Winter Hunger verspürt, folgt es seinen Sommerwechseln und gräbt an den Stellen, von denen es glaubt, daß sie Vorräte enthalten. Da es seine Verstecke aber oft vergißt, sind seine Bemühungen nur manchmal von Erfolg gekrönt.

Fig. 2: Eichentrieb in der Rindenspalte einer Weide
Ursprünglich hat ein Eichelhäher den Spalt in der Rinde als Lager für Eicheln verwendet. Später hat er sich nicht mehr daran erinnert, und die Früchte keimten aus.

Fig. 3: Vorrat eines Waldkauzes in einer Baumhöhle
Nachtgreifvögel legen Nahrungsvorräte vorzugsweise dann an, wenn sie Jungtiere aufzuziehen haben. Dadurch ist eine regelmäßige Versorgung gewährleistet. Ein elsässischer Förster hat kürzlich im Versteck eines Mauswiesels 44 Mäuse gefunden.

Fig. 1

Fig. 2

Fig. 3

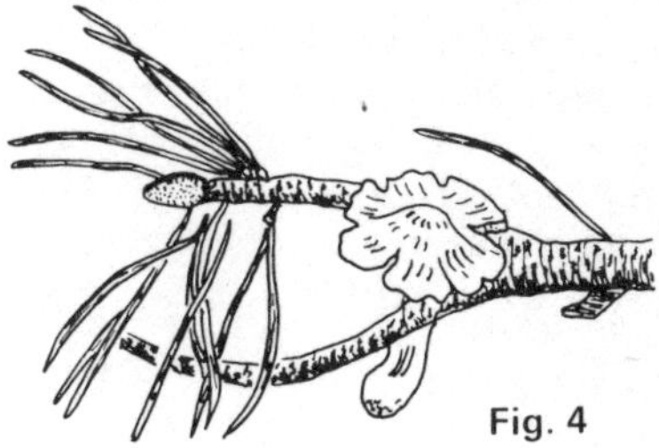

Fig. 4

27

Fig. 5

Fig. 4: Vom Eichhörnchen zum Trocknen aufgehängter Pilz
Dem russischen Naturfoscher Formosov zufolge kann ein Eichhörnchen jedes Jahr 1500-2000 Pilze trocknen. Untersuchungen in Kanada haben gezeigt, daß es diese Vorräte in trokkenen Orten aufbewahrt, während es sonst für Sämereien meist Verstecke im Boden gräbt.

Fig. 5: Ausgraben von Getreidevorräten des Hamsters
In jenen Ebenen, wo der Hamster häufig vorkommt, etwa dem Elsaß, ist es eine traditionelle Beschäftigung der Landbevölkerung, Hamsterbaue auszugraben und die Getreidevorräte zurückzugewinnen. Es kommt nicht selten vor, daß man in einem einzigen Bau 100 kg Getreide findet. Auch in Osteuropa und in Rußland ist das Ausgraben von Hamsterbauen eine beliebte Beschäftigung. Aus dem Getreide, den gesammelten Zwiebeln und Rhizomen werden dort übrigens geschätzte landestypische Speisen hergestellt.

Wir untersuchen die Vorratslager kleiner Nagetiere

Um herauszufinden, wie kleine Nagetiere ihre Nahrungsquellen nutzen, färben wir Reis oder Getreide mit einer harmlosen, aber dauerhaften Lebensmittelfarbe ein und legen es im Sommer in Haufen von 50 Gramm im Wald oder auf einem Feld aus. Im Herbst suchen wir die markierten Körner in den Vorratslagern der Nagetiere. Jeden Fund zeichnen wir auf einer Karte ein und können am Ende der Untersuchung sagen, welchen Weg die Nahrung nimmt. Auf diese Weise erlangen wir Kenntnisse der folgenden Umstände:

- der Zeit, in der die Nager ihre Vorratslager anlegen
- der Entfernung, die Nager bei der Futtersuche zurücklegen
- bei wiederholten Untersuchungen auch von der Zeit, wann die Vorräte aufgefressen werden. Bei der Arbeit muß man darauf achten, daß Nagetiere ihre Vorräte auch umlagern, wenn sie sie bedroht wähnen. Es kommt auch vor, daß andere Tiere Speicher plündern.

Wir legen eine Spurenkartei an

Um die gesammelten Spuren, unsere Daten, die Tagebücher und die Literatur über Spuren richtig auszuwerten, legen wir uns eine Kartei an. Man verwendet dazu die üblichen Karteikarten aus steifem Karton. Unsere Kartei sollte sich aus zwei Teilen zusammensetzen. Der erste Teil umfaßt alle Referenzen über Fußspuren, Gangarten, Fraßspuren, Losung, Gewölle, Erdbaue usw. Im zweiten Teil sammeln wir alle Angaben zu einer bestimmten Art (Fuchs, Reh, Feldmaus usw.). Abgesehen vom Titel (zum Beispiel „Gangarten des Rehs“, „Erdbaue von Feldmäusen“) enthält jede Karteikarte die Nummern, welche uns auf die Eintragungen im Tagebuch und auf die Objekte in unserer Sammlung verweisen. Gleichzeitig bringen wir auf den Karten bibliographische Hinweise an. Es empfiehlt sich ohnehin, eine Sammlung entsprechender Bücher und Artikel in Fachzeitschriften anzulegen. Dazu kommen Publikationen allgemeinen biologischen Charakters sowie Zeitschriften für Jäger und Landwirte in Frage. Auch die Tageszeitungen berichten gelegentlich über Schäden, die von Mäusen, Ratten oder Bisamratten angerichtet werden, oder über Vogelnester an ungewöhnlichen Stellen.

5

Spuren wirbelloser Tiere

Insektenspuren

Die folgenden Tafeln sollen anhand einiger ausgewählter Beispiele die große Mannigfaltigkeit der Spuren zeigen, welche Insekten hinterlassen. Eine systematische Beschreibung der Spuren aller Insektenarten, insbesondere der Fraßspuren, wäre nur in einem vielbändigen Riesenwerk möglich. Spuren, die hier nicht aufgeführt sind, kann man vielleicht anhand der weiterführenden Literatur bestimmen, insbesondere natürlich mit Hilfe von Büchern, die sich mit Schädlingen der Land- und Forstwirtschaft beschäftigen. Insektenspuren lassen sich auch in Städten studieren, denn Parks, Gärten und unbebaute Grundstücke stellen oft viel bessere Lebensräume dar als die intensiven Monokulturen der Landwirtschaft.

Tafel 28: Insektenspuren

Fig. 1: Ausgeschlüpfte Schmetterlingseier
Die Wachsschicht, die das Schmetterlingsei überzieht, bietet dem Wetter lange Zeit Widerstand. Immer wieder beobachtet man, daß aus einzelnen Eiern keine Larven ausschlüpfen. Dies kann durchaus mit der Ansammlung von Giftstoffen innerhalb der Nahrungsketten zusammenhängen.

Fig. 2: Pillendreher
Die Weibchen der Pillendreher oder Skarabäen stellen aus der Losung von Wiederkäuern Brutpillen her und rollen sie an einen geeigneten Ort. Dort graben sie einen bis 50 cm tiefen Gang, der sich in einen kleinen Kessel öffnet. Das Weibchen bringt die Pille in die Erdröhre, gibt ihr ein birnenartiges Aussehen und legt schließlich ein einziges Ei an deren Spitze ab.

Fig. 3: Nistgänge des Mistkäfers
Der Mistkäfer *(Geotrupes stercorarius)* legt unter Losung, vor allem Kuhfladen, Erdgänge an. Die Verzweigungen werden mit Losung gefüllt, und das Weibchen legt die Eier hinein. Die Gänge reichen bis 80 cm in die Tiefe.

Fig. 1

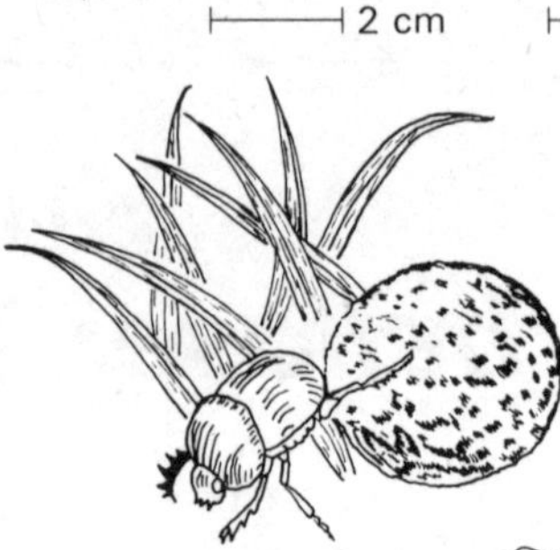

Fig. 2

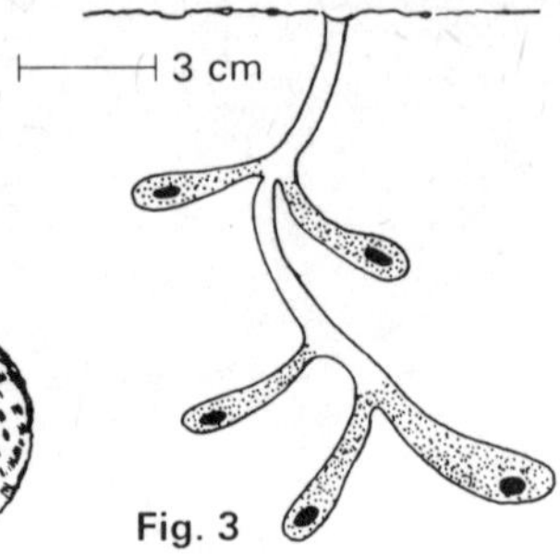

Fig. 3

Fig. 4

Fig. 5

Fig. 6

Fig. 7

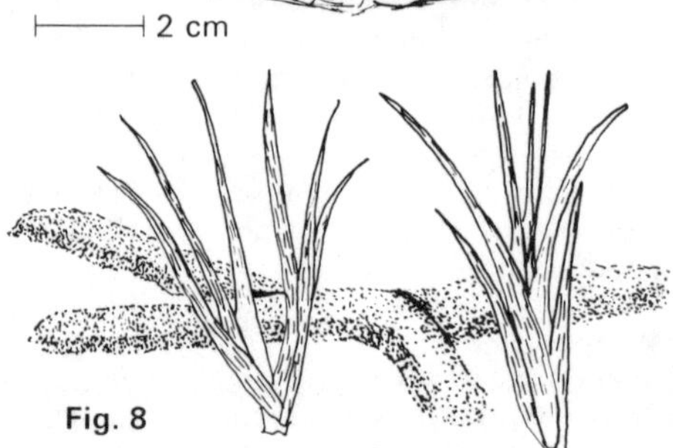

Fig. 8

28

Fig. 4: Fangtrichter des Ameisenlöwen
Die Fangtrichter liegen auf sandigen, besonnten Böden oft dicht nebeneinander. Der Durchmesser reicht von 4-10 cm. Am Grunde des Trichters lauert die Larve des Ameisenlöwen; nur der Kopf mit den spitzen Mandibeln ragt heraus. Der Ameisenlöwe *(Myrmeleon formicarius)* bombardiert mit Sandkörnchen Ameisen, welche auf die Trichterwände gelangen und langsam und unausweichlich gegen den Grund des Trichters rutschen.

Fig. 5: Von Hummeln angebissene Fingerhutblüten
Um leichter an den süßen Nektar zu gelangen, beißen Hummeln die Kronröhren am Grunde auf – wie Diebe, die Zigarettenautomaten aufknacken. Die Hummeln entdecken meist durch Zufall diese Art des Nektarraubes, nützen ihn dann aber systematisch aus und verhindern damit, daß die Blüten bestäubt werden.

Fig. 6: Nest einer Grabwespe
Die Grabwespe *(Sphex paludosus)* baut aus Pflanzenabfällen ein Nest, in dem sie einen Vorrat von gelähmten Heuschrecken anlegt. Diese dienen den zukünftigen Larven als Nahrung.

Fig. 7: Einschlupfloch in den Erdbau einer Maulwurfsgrille
Der Gang verbreitert sich gegen die Erdoberfläche, und am Anfang wird er von einer Erdbrücke zweigeteilt.

Fig. 8: Oberflächliche Gänge der Maulwurfsgrille

Tafel 29: Insektenspuren

Fig. 1: Kolonie von Blutläusen auf einem Apfelzweig
Eine wollähnliche Wachsschicht bedeckt die Kolonien der Blutlaus *(Eriosoma lanigerum)*, die sich vom Zuckersaft des Baumes ernähren.

Fig. 2: Raupenkolonie des Ringelspinners
Wenn die Raupen des Ringelspinners *(Malacosoma neustria)* im April schlüpfen, bleiben die jungen Raupen zusammen und spinnen ein gemeinsames dickes Nest, das eine Gruppe von Zweigen und Blättern umfaßt.

Fig. 3: Nest des Birkenblattrollers
Der Birkenblattroller *(Deporaus betulae)* schneidet den Blattgrund von der Seite bis zur Mittelrippe ein, rollt dann das Blatt zigarrenförmig ein und legt im Inneren schließlich seine Eier ab.

Fig. 4: Nest des Eichenblattrollers
Der Eichenblattroller *(Attelabus nitens)* schneidet den Blattgrund und die wichtigsten Rippen ein. Dann rollt er das Eichenblatt quer ein und legt in dessen Windungen seine Eier ab.

Fig. 5: Schaum der Weidenschaumzikade *(Aphrophora salicina)*
Die Larven der Schaumzikaden (Familie Cercopidae) umgeben sich mit einem flüssigen Sekret, das auch unter dem Namen Kuckucksspeichel bekannt ist. Er stellt für sie einen Schutz vor Räubern und gegen Austrocknung dar.

Fig. 6: Mine einer Zwergmotte
Die Larven der Zwergmotten (Familie Nepticulidae) leben in Gängen, die sie vor allem innerhalb von Blättern nagen. Die Form dieser Gänge, die Art der Kotablage, die Anlehnung an Rippen und natürlich auch die Wirtspflanzen sind typisch für jede Art. Man kann also anhand der Minen die meisten Arten bestimmen. Die Mine liegt zwischen den beiden Oberhautschichten des Blattes. Ihr Durchmesser wächst mit zunehmender Größe der Larve. Hat diese die Ver-

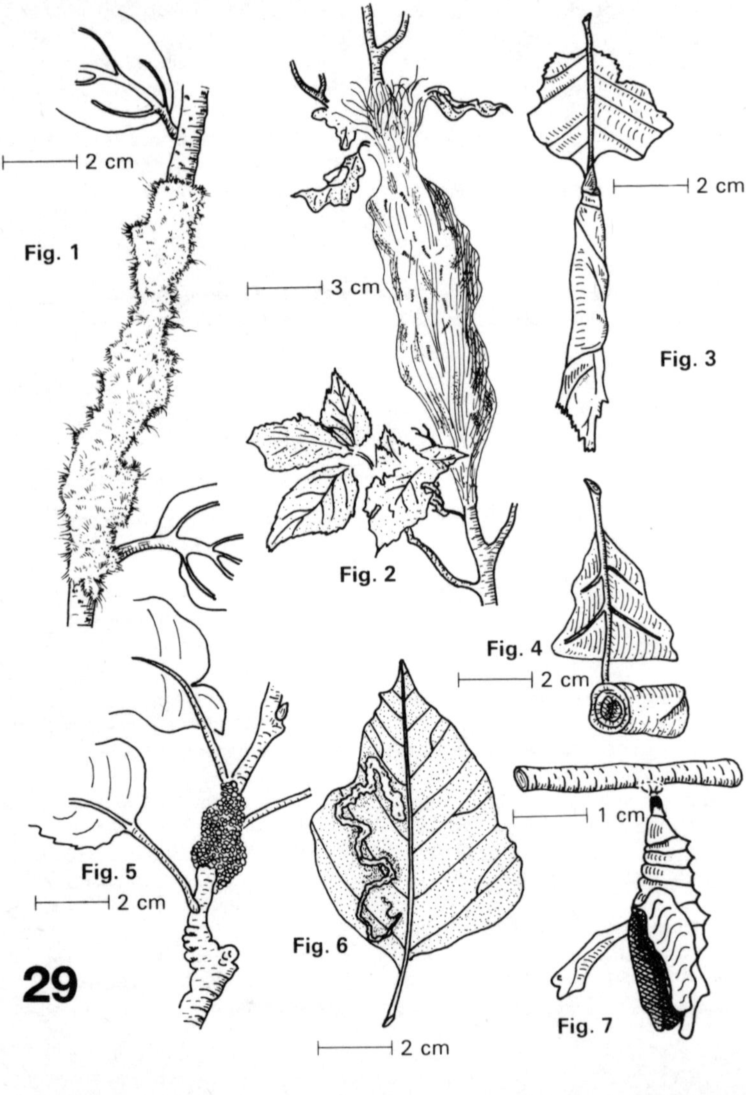

29

puppungsreife erreicht, so läßt sie sich zu Boden fallen und bildet dort die Puppe.

Fig. 7: Puppenhülle eines Kleinen Fuchses nach dem Ausschlüpfen des Schmetterlings

Tafel 30: Insektenspuren; Gallen

Gallen sind pflanzliche Geschwülste, deren Wachstum von der Eiablage und dem Wachstum bestimmter Insektenlarven ausgelöst wird. Ausscheidungen dieser Insekten enthalten Stoffe, welche das Pflanzengewebe zur Zellteilung anregen. Jede gallenerzeugende Insektenart hat ihre besondere Gallenform. Um eine Vorstellung von der Formenvielfalt zu geben: das führende Buch über die Gallen Mitteleuropas hat 1600 Seiten!

Fig. 1: Galle der Pappelblattlaus *(Pemphigus bursarius)*

Fig. 2: Galle der Ulmenblattlaus *(Schizoneura lanuginosa)*

Fig. 3: Galle der Rosengallwespe *(Diplolepis rosae)*
Die Weibchen dieser Art legen ihre Eier in Blattknospen von Wildrosen ab. Die runden Gallen sind von zahlreichen Auswüchsen bedeckt und können einen Durchmesser von 5 cm erreichen. Sie enthalten zahlreiche Larvenkammern. Der Volksmund nennt diese Gallen auch Rosenkönige oder Schlafäpfel.

Fig. 4: Ananasgalle auf der Fichte
Diese sehr häufige Galle wird von einem Stich der Tannenlaus *(Sacchiphantes)* ausgelöst.

Fig. 5: Linsengallen von Gallwespen
Diese typischen Gallen werden von der Art *Neutolerus quercusbaccarum* erzeugt.

Fig. 6: Galle der Eichengallwespe *(Cynips quercusfolii)*
Die runden Gallen erreichen einen Durchmesser von 3 cm und dienten früher zur Herstellung von Tinte.

Fig. 7: Gallen auf Wurzeln von Kreuzblütlern
Alle Teile einer Pflanze können Gallen bilden. In Gärten finden wir gelegentlich Kohlpflanzen, deren Wurzeln mandarinengroße Gallen tragen. Sie gehen auf den Kohlgallenrüßler *(Ceutorrhynchus pleurostigma)* zurück.

Tafel 31: Insektenspuren

Fig. 1: Fraßgänge von Larven des Pappelbockes *(Saperda scalaris)*
Die Gänge liegen knapp unter der Rinde und finden sich vor allem in Obstbäumen. Die Käfer richten gelegentlich Schäden an.

Fig. 2: Gänge der Roßameise *(Camponotus herculeanus)*
Diese Ameisen können dicke Strünke mit ihren Gängen durchziehen. Man erkennt sie leicht an ihren verwundenen Formen.

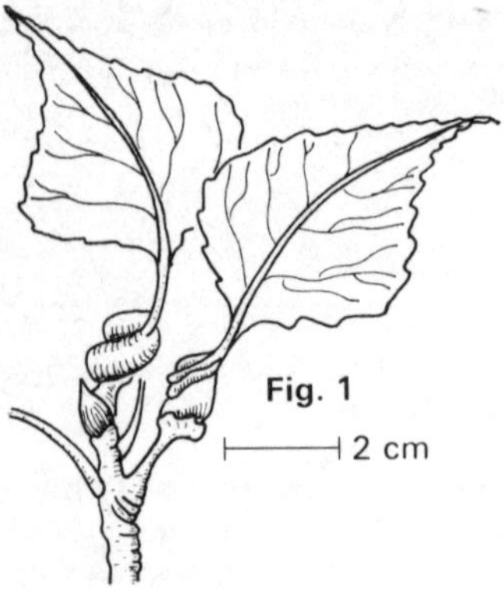

Fig. 1

2 cm

Fig. 3

2 cm

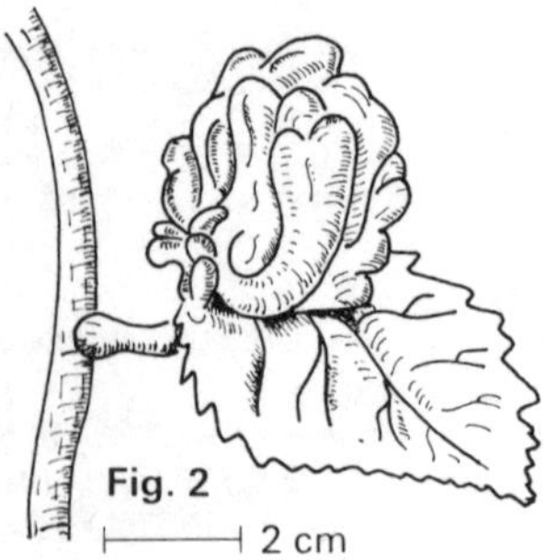

Fig. 2

2 cm

Fig. 4

2 cm

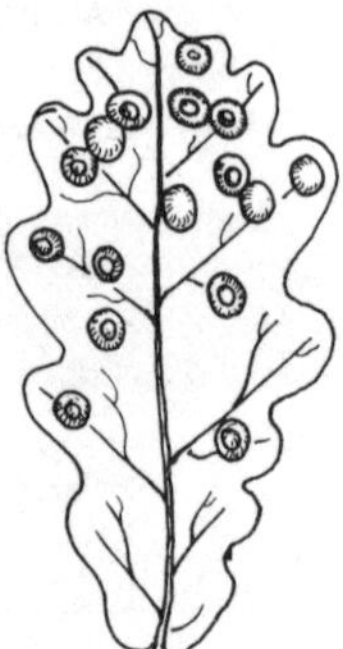

Fig. 5

2 cm

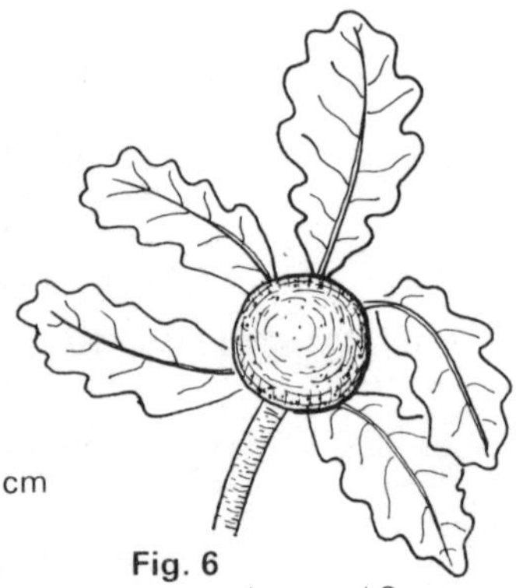

Fig. 6

2 cm

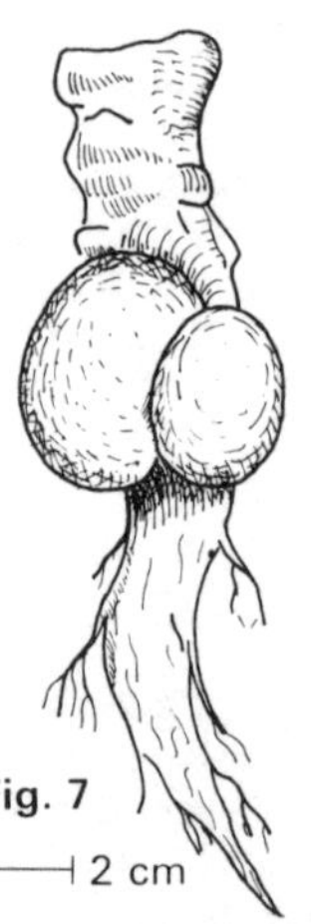

Fig. 7

2 cm

30

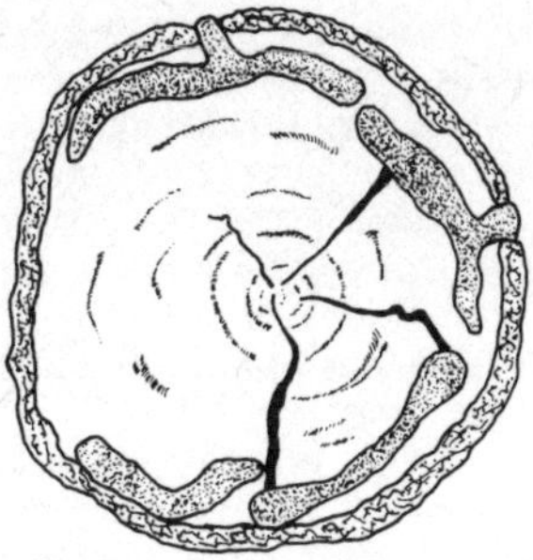

Fig. 1 2 cm

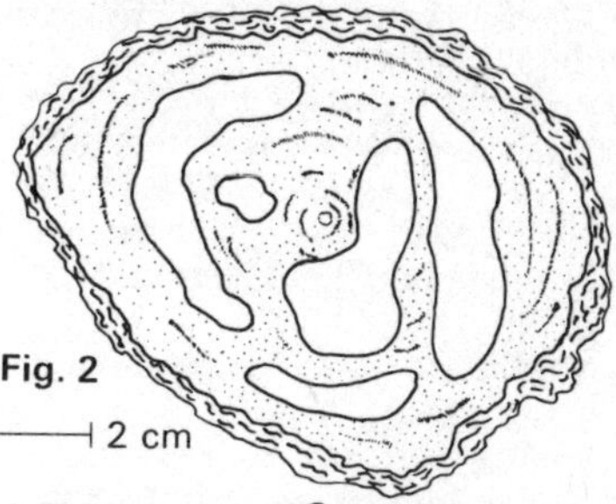

Fig. 2 2 cm

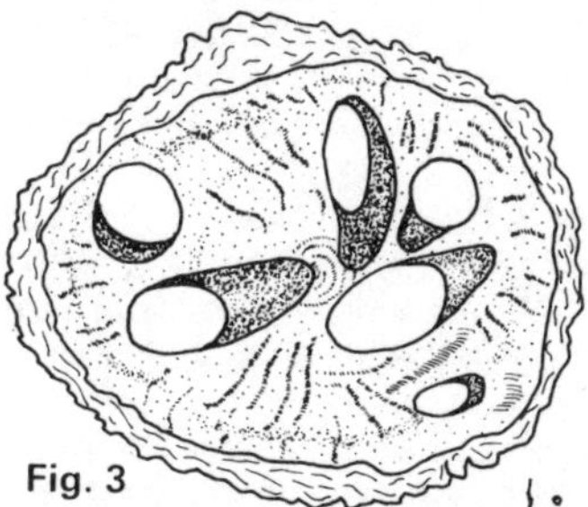

Fig. 3 2 cm

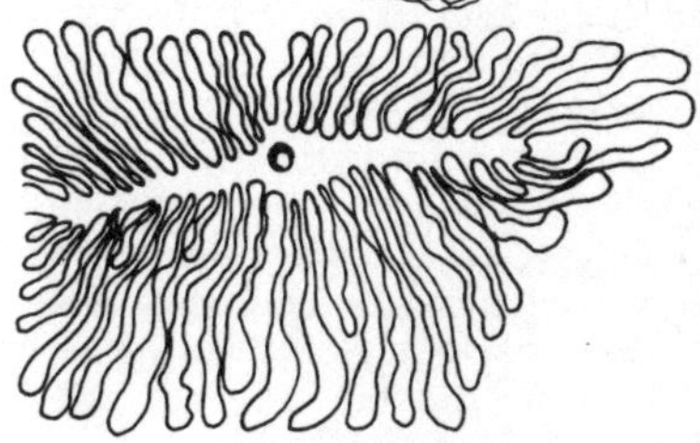

Fig. 4 0,5 cm

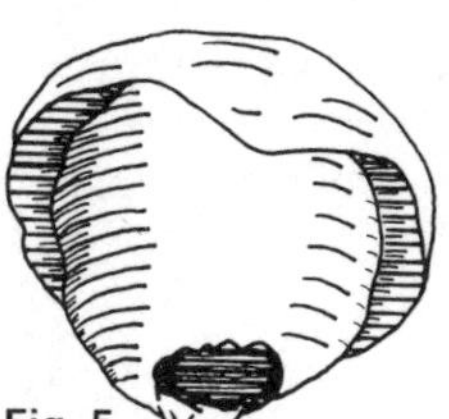

Fig. 5 2 cm

Fig. 6 2 cm

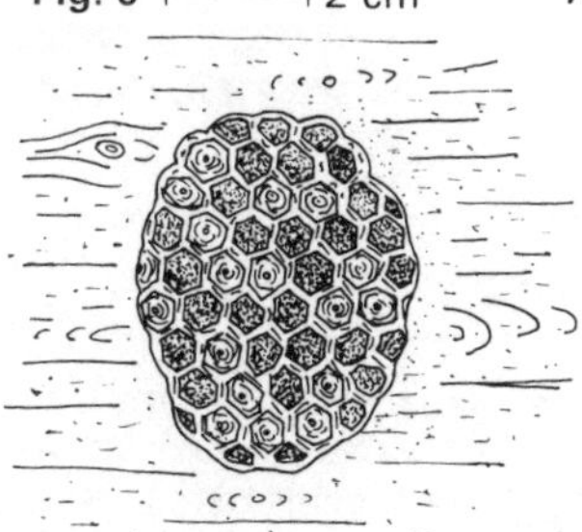

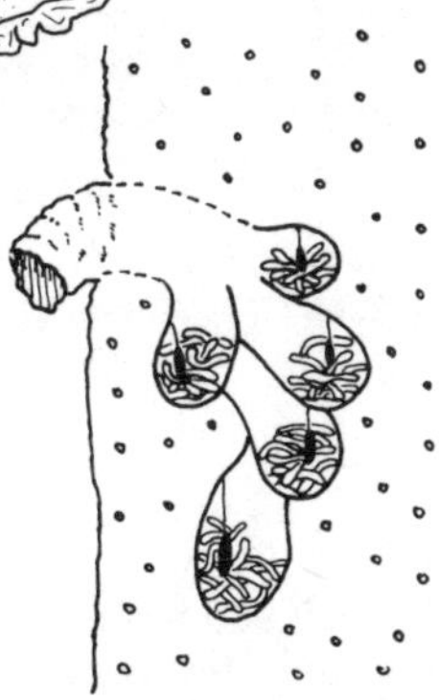

Fig. 7 2 cm

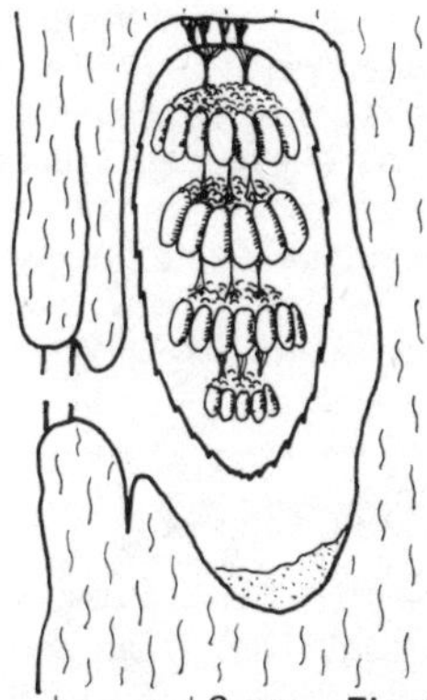

6 cm Fig. 8

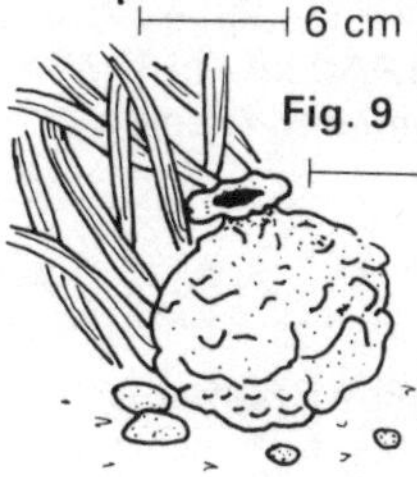

Fig. 9 2 cm

31

Fig. 3: Gänge von Heldbocklarven *(Cerambyx cerdo)*
Im Querschnitt gesehen zeigen die Gänge dieses vorwiegend mediterranen Tieres eine elliptische Form. Sie sind verwunden, bis kleinfingerbreit und ziehen bis ins Stamminnere.

Fig. 4: Gänge des Buchdruckers *(Ips typographus)*
Das Weibchen dieser Borkenkäferart nagt unter der Rinde von Fichten einen Muttergang. An dessen Seiten legt es in kleinen Nischen seine Eier ab. Die ausgeschlüpften Larven nagen einen Gang senkrecht zum Muttergang. Mit zunehmender Größe wächst auch der Durchmesser des Ganges. Fast alle Borkenkäferarten haben eine typische, nur ihnen zukommende Form der Fraßgänge.

Fig. 5: Nest einer Waldwespe *(Dolichovespula sylvestris)*
Das Nest besteht aus einer Art Papier, das die Wespen aus gekauten Holzsplittern herstellen. Mehrere konzentrische glockenförmige Gebilde sind gegen unten geöffnet und enthalten die Zellen mit den Larven.

Fig. 6: Nest der Französischen Feldwespe *(Polistes gallicus)*
Das Nest wird jedes Frühjahr neu begonnen und im Verlauf des Sommers stetig vergrößert. Zu Beginn enthält es oft nur ein Dutzend Zellen mit Larven.

Fig. 7: Nest der Mauerwespe *(Hoplopus spinipes)*
Die Mauerwespe gräbt ihr Nest in eine lehmige Wand und verlängert es durch eine kurze Röhre aus gekautem mörtelartigem Lehm. Das Weibchen füllt die Zellen mit gelähmten Raupen und legt die Eier so ab, daß sie von der Decke jeder Zelle herunterhängen.

Fig. 8: Hornissennest *(Vespa crabro)* **in einer alten Spechthöhle**
Die Nestöffnung wird mit einer kartonartigen Substanz aus gekautem Holz verengert. Im Innern des glockenförmigen Gebildes, welches das ganze Nest beschützt, liegen verschiedene Stockwerke an einem Mittelpfeiler.

Fig. 9: Nest der Pillenwespe
Die Pillenwespen *(Eumenes)* bauen urnenähnliche Lehmnester, die eine einzige Larve enthalten.

Spinnennetze

Nur ein kleiner Teil der ungefähr 30 000 bisher bekannten Spinnenarten der Erde baut Netze. Die übrigen Arten gehen auf die Pirschjagd oder liegen auf Lauer. Spinnennetze können sehr unterschiedliche Formen aufweisen, wobei jede Art im Laufe ihrer Evolution eine Falle entwickelt hat, die an die Umwelt und ihre Beutetiere angepaßt ist.

Tafel 32: Spinnennetze

Spiralförmige Radnetze

Fig. 1: Netz der Kreuzspinne *(Araneus diadematus)*
Der Warnfaden A führt zum Schlupfwinkel der Kreuzspinne, im allgemeinen einem eingerollten Blatt (B). Die Rahmenfäden (C) und die Fäden

Fig. 1

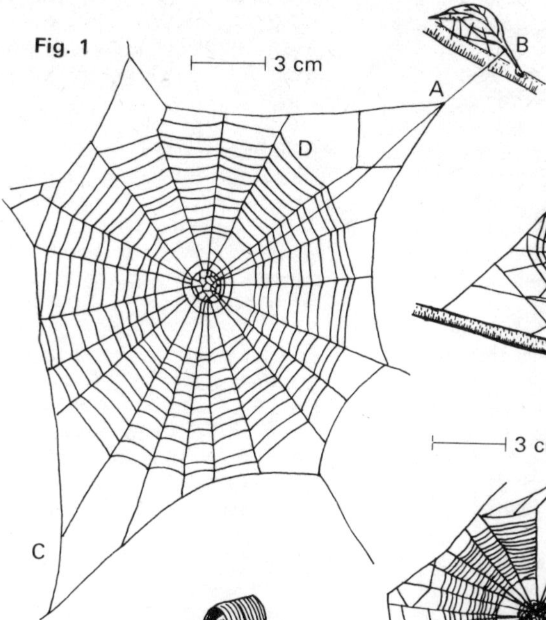

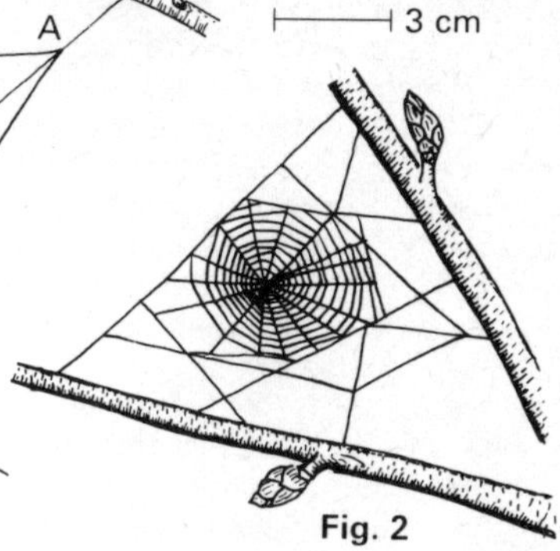

Fig. 2

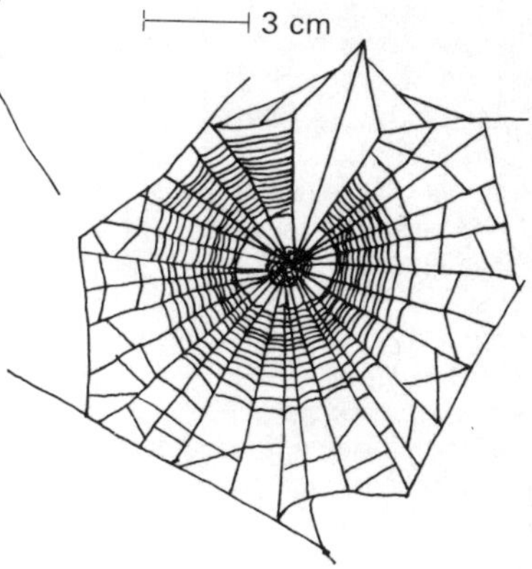

Fig. 5

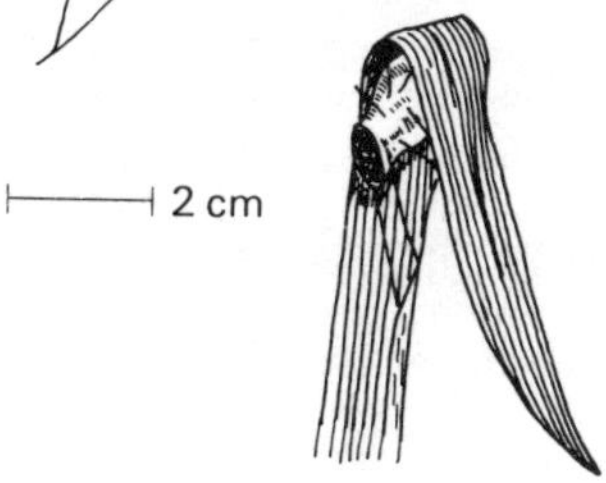

Fig. 3

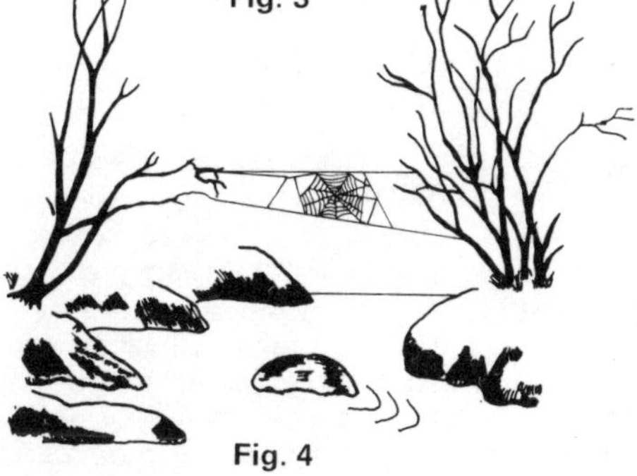

Fig. 4

der zentralen Nabe bestehen aus reiner Seide, während die Fäden der großen Spirale (D) klebrige Fangfäden darstellen. Um nicht von den eigenen Fäden gefangen zu werden, schmiert sich die Spinne ihren Körper regelmäßig mit einer fettigen Substanz ein, die von den Speicheldrüsen produziert wird. Überdies bewegt sie sich auf der Unterseite des Netzes.

Fig. 2: Netz der Radnetzspinne
(Araneus cucurbitinus)
Wir finden das Netz häufig in geringer Höhe in Bäumen, festgezurrt an kleinen Ästen. Es fällt durch die schöne Regelmäßigkeit seiner Fangfäden auf. Vom gleichen Typ ist das Netz der Art *Meta segmentata,* doch wird es an einem ganz bestimmten Detail kenntlich: die Spinne entfernt nach den Konstruktionsarbeiten im Zentrum des Netzes die Speichenfäden und hinterläßt ein Loch von 2-3 mm Durchmesser.

Fig. 3: Netz der Radnetzspinne
(Araneus cornutus)
Es handelt sich um einen unten offenen Kokon, der im allgemeinen unter einem umgebogenen Schilfblatt befestigt ist. Das eigentliche Netz wird nahe am Boden und am Wasser gebaut und ähnelt dem einer Kreuzspinne, auch wenn es bescheidener ausfällt.

Fig. 4: Netz der Kieferspinne
Netze dieser Art findet man an Gewässern, oft zwischen Schilfhalmen. Die Kieferspinne *(Tetragnatha extensa)* kann mit einem ersten Faden Strecken von 3 m überbrücken. Das Netz liegt horizontal oder sehr schräg.

Fig. 5: Netz der Radnetzspinne
(Zygiella x-notata)
Diese Art spinnt ihr Netz im allgemeinen in Fensterrahmen. Man erkennt sie leicht daran, daß in der oberen Hälfte ein Sektor keine Fangfäden enthält. Fehlt der Spiralfaden im Zentrum, so handelt es sich um ein Netz von *Theridiosoma gemmosum,* die an feuchten Waldrändern und Gewässerufern vorkommt. Der spiralförmige Fangfaden ist an vier oder fünf Radien befestigt und zeigt 10-12 Umläufe, bisweilen auch weniger, wobei der Durchmesser der fangfadenfreien Zone einem Drittel des Gesamtdurchmessers entspricht.

Tafel 33: Spinnennetze

Fig. 1: Netz der Radnetzspinne *Cyclosa*
Dieses Netz stellt eines der schönsten dar, da es aus 47-48 sehr regelmäßigen Speichen und 30-35 Umläufen des Fangfadens besteht. Die Art bringt in der Mittelsenkrechten die Reste der Beutetiere oder andere kleine Gegenstände an, zwischen denen sie sich versteckt.

Fig. 2: Netz der Wespenspinne
Die Wespenspinne *(Argiope bruennichii),* die vor allem an trockenheißen Standorten vorkommt, markiert ihr Netz mit einer zickzackförmigen Fadenbahn, dem Stabilimentum. Es dient wahrscheinlich als Tarnung und gleichzeitig als Anreiz für gewisse Insekten, sich hier nichtsahnend niederzulassen.

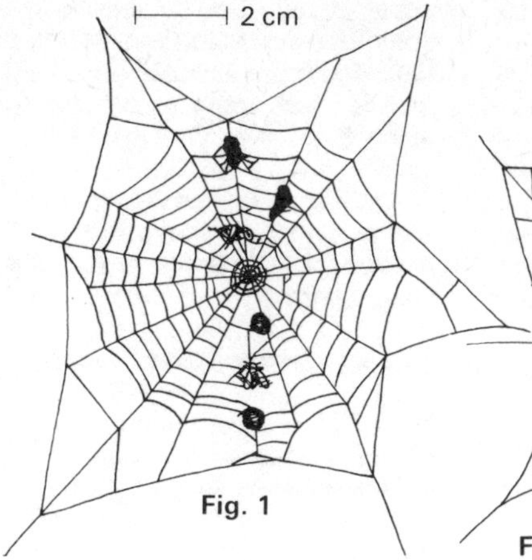

Fig. 1

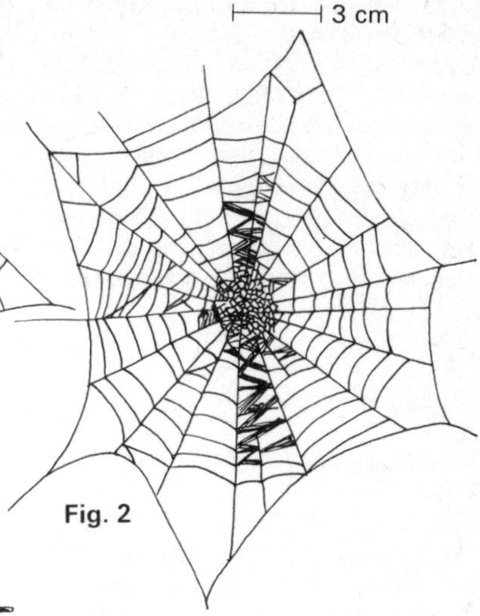

Fig. 2

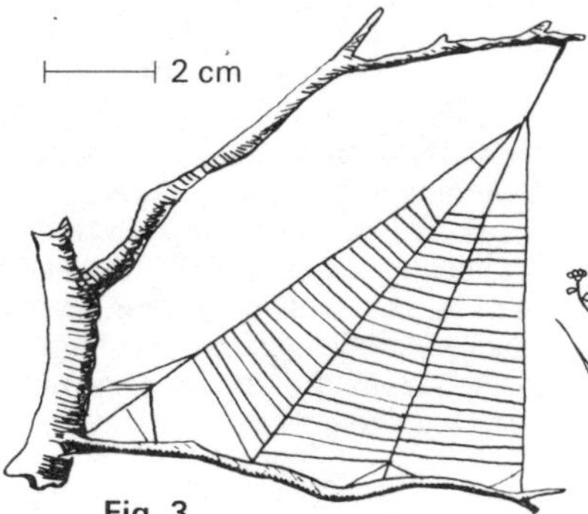

Fig. 3

Fig. 4 5 cm

Fig. 5

5 cm

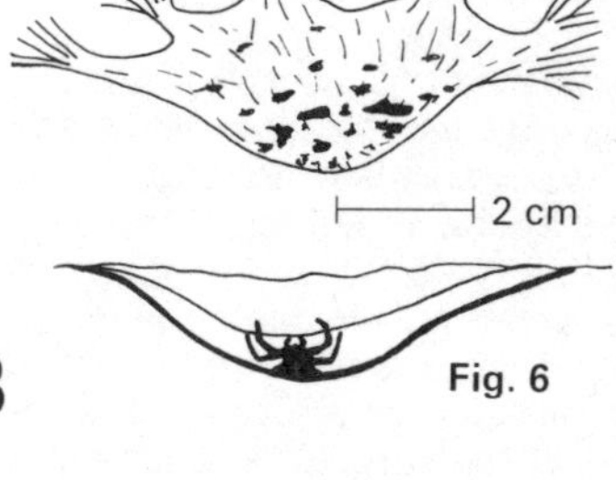

Fig. 6

33

Fig. 3: Netz der Dreieckspinne *(Hyptiotes paradoxus)*
Die Art baut nur einen Sektor von 3-4 Speichen. Das Netz liegt in den Zweigen niederer Bäume. Bei intensiver Jagd hält die Dreieckspinne den wichtigsten Stützfaden mit ihren Füßen fest. Wenn sich die Beute nähert, läßt die Spinne den Faden sausen, und das Netz schlägt über dem Opfer zusammen.

Baldachinnetze

Fig. 4: Netz der Trichterspinne (*Agelena*)
Die Art verbindet Pflanzenteile zu weit geöffneten Seidentrichtern. Die Außenränder werden von Fäden gehalten, die in verschiedene Richtungen laufen und an Sträuchern und Stauden der Umgebung festgeheftet sind. Das Zentrum des Trichters verläuft in eine lange Röhre, in der sich die Spinne aufhält. Zur Fortpflanzungszeit im Juli bauen die Weibchen Trichter von beeindruckender Größe.

Fig. 5: Netz der Hausspinne
Die Hausspinne (*Tegenaria domestica*), die auf der ganzen Welt vorkommt, baut in Mauerwinkeln oder an dunklen Stellen ihre Netze. Im Prinzip gleichen sie denen der Trichterspinnen, doch ist die Oberfläche viel kleiner und die Trichterform weniger ausgeprägt. Auf der Oberfläche des Netzes sind Fäden gespannt, die verhindern, daß das Beutetier zu Fuß entfliehen kann.

Fig. 6: Netz der Spinne *Uroctea durandi*
Das Netz dieser Spinne treffen wir häufig unter Steinen des ganzen Mittelmeergebietes an. Es setzt sich aus einer soliden Kuppel zusammen, die an ungefähr zehn Stellen an der Unterseite des Steines verankert ist. Die Kuppelform erhält es durch kleine Steinchen und Beutereste, welche die Spinne am Netz festklebt. Ein zweites Netzgewebe aus elastischen Fäden bedeckt den Stein und verlängert sich außerhalb des Nestes in Form langer Stolperfäden. Sie teilen der Spinne mit, wenn Beutetiere sich in der Nähe des Netzes befinden, und geben gleichzeitig Angaben über deren Lage. Tausendfüßer sind die häufigsten Beutetiere dieser Spinnenart.

Tafel 34: Spinnennetze

Labyrinthnetze

Es handelt sich um Netze, die von Kräuselspinnen (Familie Dictynidae) und Kugelspinnen (Familie Theridiidae) gebaut werden. Das sind kleine seßhafte Arten mit weiter geographischer Verbreitung. Die Netzfalle besteht bisweilen nur aus einem Blatt, das von Seidenfäden so zusammengehalten wird, daß es eine gekrümmte Fläche bildet. Die Maschen des Gewebes zeigen keine Regelmäßigkeiten, und die Besitzerin hält sich zwischen Blatt und Netz auf. Am häufigsten besteht das Netz aus Fäden, die in Hecken, alten Mäuerchen und um Fruchtstände nach allen Richtungen verlaufen. Die Kugelspinnen befestigen ihre Netze aus allseits gekreuzten Fäden auf der Rinde von Baumstämmen.

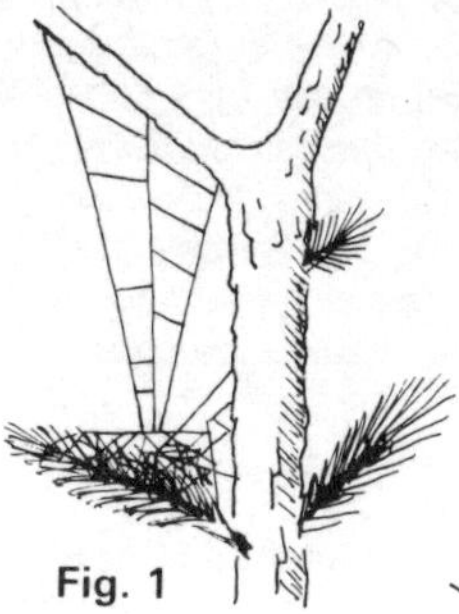

Fig. 1

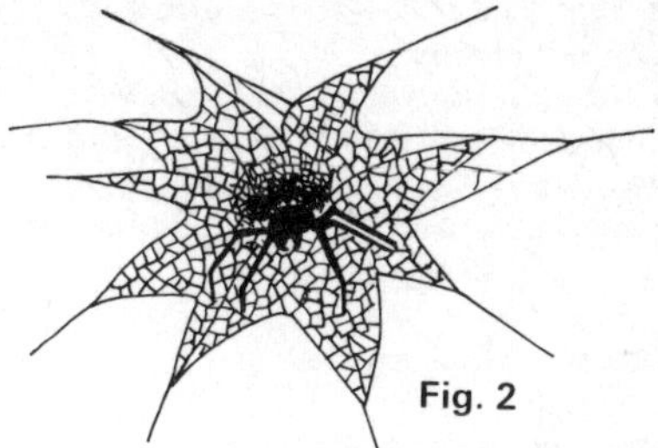

Fig. 2

Fig. 3

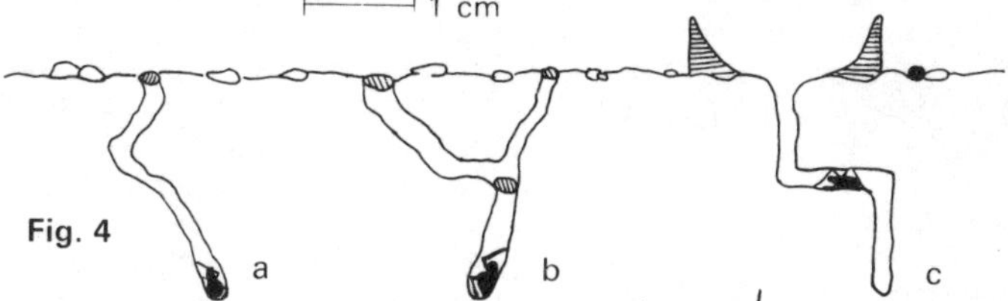

Fig. 4

Fig. 5

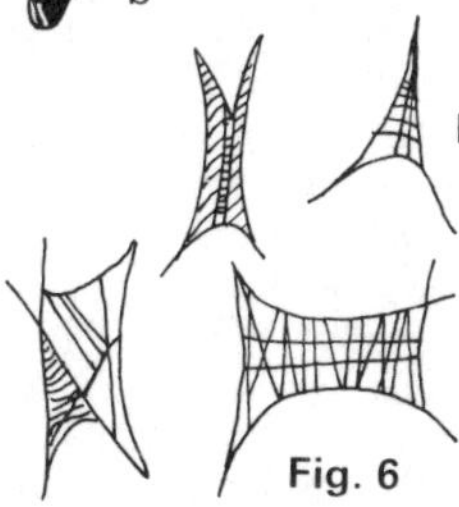

Fig. 6

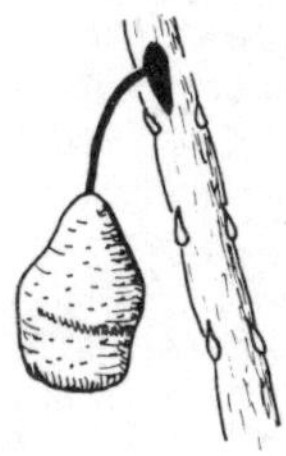

Fig. 8

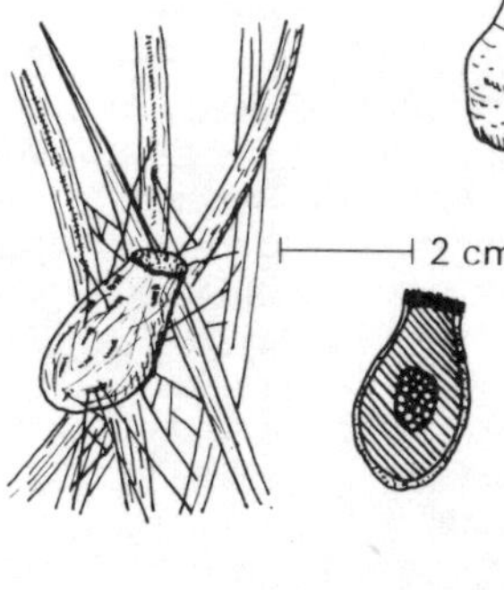

Fig. 7

Fig. 1: Netz der Kräuselspinne *(Dictyna arundinacea)*
Die Gesamthöhe liegt bei 10 cm. Verwandte Arten besiedeln Heiden und hüllen diese Kleinsträucher oft völlig mit ihren Spinnweben ein.

Netze von Grabspinnen

Diese Spinnen bewohnen unterirdische Gänge oder Mauerspalten und legen von ihrem Einschlupfloch konzentrische Fäden an. Wenn Beutetiere in der Nähe des Loches sind, stoßen sie an die Fäden, und diese leiten die Information in Form von Schwingungen an die Spinne weiter. Sie kann dadurch auch die Richtung bestimmen, in der das Beutetier sich befindet.

Fig. 2: Netz der Kellerspinne *(Segestria florentina)*
Der röhrenförmig verlängerte Trichter ist am unteren Ende offen, um der Bewohnerin die Flucht zu ermöglichen. Obwohl das Netz der Kellerspinne nicht spektakulär aussieht, verdient es doch unsere Aufmerksamkeit, weil es aus mehreren verschiedenen Fadentypen besteht. Sehr dünne Fäden geben den Klebfäden Halt und übertragen die Schwingungen, welche von Beutetieren hervorgerufen werden, bis an das untere Ende des Trichters. Fäden zweiter Ordnung stützen ebenfalls die Klebfäden, welche dank ihrer Nachgiebigkeit bewirken, daß ein gefangenes Tier sich noch weiter verstrickt. Sie sind so elastisch, daß sie sich auf das 50fache ihrer ursprünglichen Länge ausdehnen lassen.
Ähnlich sind auch die Netze der überwiegend mittelmeerischen Familie Filistatidae; es handelt sich um große bläuliche Konstruktionen mit unregelmäßigen Maschen. Sie verfügen über einen Schlupfwinkel in Form einer großen Röhre. An der Einschlupföffnung strahlen die Fangfäden nach allen Richtungen aus.
Ähnlich, wenn auch kleiner und regelmäßiger, sind auch die Nester der bei uns häufigen Gattung *Coelotes.*

Fig. 3: Erdbau der Falltürspinne *Ctenizamoggridgei*
Die genannte Art kommt vor allem im Mittelmeerraum vor und bewohnt nackte Böden mit starker Hangneigung. Sie gräbt einen mehr oder minder waagerechten Gang, der bei erwachsenen Tieren eine Länge von über 60 cm erreicht. Das Innere ist völlig mit dicker Seide austapeziert. Als Deckel dienen mehrere Erdschichten, die von Seidenfäden zusammengehalten werden. Auch das solide Scharnier ist aus solchen Fäden. Auf der Innenseite des Deckels und auf der gegenüberliegenden Seite des Scharniers liegt eine Reihe kleiner in einem Kreissegment angeordneter Löcher. An ihnen hält sich die Spinne fest, wenn ein Eindringling versuchen sollte, den Deckel zu heben. Gespannte Fäden benachrichtigen durch ihre Schwingungen die Spinne, wenn ein Beutetier vorbeizieht. Damit sich der Deckel nicht völlig schließt, wenn die Spinne aus ihrer Röhre schießt, hält sie stets ein Bein im Türspalt.

Fig. 4: Schnitt durch Erdröhren der Falltürspinne *Nemesia caementaria,* einer anderen *Nemesia*-Art und einer Tarantel *(Hogna)*
Jede dieser Arten gräbt sich in sehr hartem Boden eine tiefe Röhre. *Nemesia caementaria* (a) verfügt über einen einzigen Eingang und hat eine gewundene Röhre. Ein Deckel aus Seide verschließt den Eingang mit

einer Schrägkante. Eine andere *Nemesia*-Art (b) gräbt eine verzweigte Röhre mit zwei Deckeln. Der Gang der Tarantel (c) reicht bis 30 cm tief in die Erde und bildet zwei rechtwinklige Biegungen. Eine 2-4 cm hohe Erhebung umgibt den Eingang. Dieser Wall besteht aus trockenen Holzstückchen, die von toniger Erde zusammengehalten werden. Das Innere dieses Kraters ist wie die gesamte Röhre mit Seide ausgekleidet.

Weitere Spuren von Spinnen

Fig. 5: Netz der Wasserspinne
Die Wasserspinne *(Argyroneta aquatica)* baut sich eine Behausung unter Wasser. Sie holt von der Oberfläche Luftblasen und hält sie in einem ballonförmigen Gespinst zurück, das die Größe einer Haselnuß erreicht und mit Pflanzenteilen bedeckt ist. Die Öffnung liegt unten. Der Luftvorrat muß gelegentlich mit neuen Luftblasen ergänzt werden. Gleichzeitig arbeitet die Luftblase auch als physikalische Kieme: durch Diffusion geht Kohlendioxid in das umgehende Wasser über, und Sauerstoff wird aufgenommen.

Fig. 6: Hochzeitsgespinste von Spinnenmännchen (nach Maurice Thomas, Vie et moeurs des Araignées, Payot 1955)
Auf solchen winzigen Gespinsten deponieren die Männchen ihre Samenflüssigkeit und nehmen sie dann in die Kopulationsorgane an den Palpen des Kopfes auf. All das findet vor der Paarung und der Suche nach einem Weibchen statt.

Fig. 7: Kokon der Wespenspinne
Der taubeneigroße Kokon wird mit dicken Seidenfäden an Zweigen befestigt. An der Oberseite liegt ein Deckel aus wasserabstoßender Seide, während an den Seiten Feuchtigkeit hindurchtreten kann. Unten befindet sich eine dichte Füllung aus roter Seide, und in der Mitte hängt der zylindrische Behälter mit den Eiern. Das Weibchen baut diesen Kokon zu Ende des Sommers, und die Jungtiere schlüpfen im darauffolgenden Frühling aus.

Fig. 8: Eikokon der Sackspinne *Agroeca brunnea*
Diese Kokons, die im Volksmund auch Feenlämpchen heißen, sind ähnlich gebaut wie bei der Wespenspinne.

Tafel 35: Spuren landbewohnender Weichtiere

Fig. 1: Schleimspuren
Die Weinbergschnecke (a) und andere Gehäuseschnecken hinterlassen unterbrochene, die Nacktschnecke (b) hingegen durchgehende Schleimspuren.

Fig. 2: Kothaufen des Regenwurms
Der Regenwurm ernährt sich von toten Blättern und Humus. Dazu verschlingt er große Erdmengen, verdaut das Pflanzenmaterial und gibt den Rest in Form feiner verschlungener Würstchen wieder ab. Am leichtesten finden wir sie an der Oberfläche kurzgeschnittener Rasen. Diese Erdwürstchen sind sehr fruchtbar, weil sie Ton-Humus-Komplexe enthalten.

Fig. 1

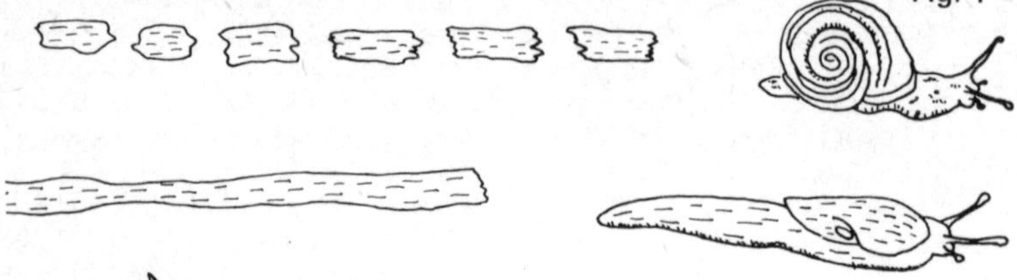

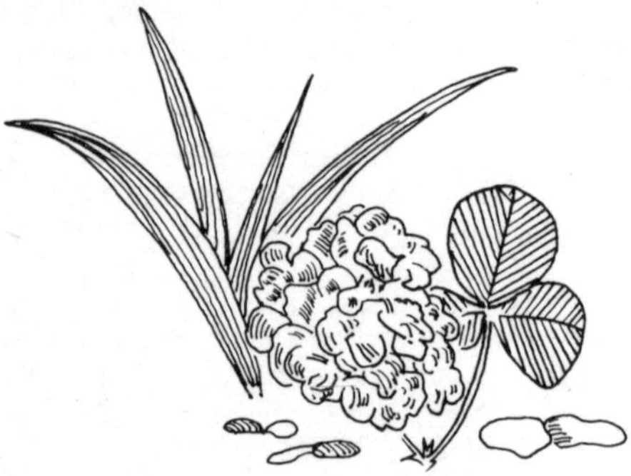

Fig. 2

35

Die Tätigkeit der Regenwürmer

In guten und fruchtbaren Böden können auf einem Hektar mehrere hundert Kilogramm Regenwürmer leben. Die Bedeutung ihrer Tätigkeit können wir mit einem einfachen Versuch begreiflich machen. Wir bringen in ein hohes durchsichtiges Gefäß mehrere Schichten übereinander an, geben eine Handvoll Regenwürmer hinzu und beobachten, wie diese alles langsam durchmischen. Eine Kieselschicht am Grunde des Gefäßes sorgt für die Entwässerung. Die Kultur muß gelegentlich gegossen werden.

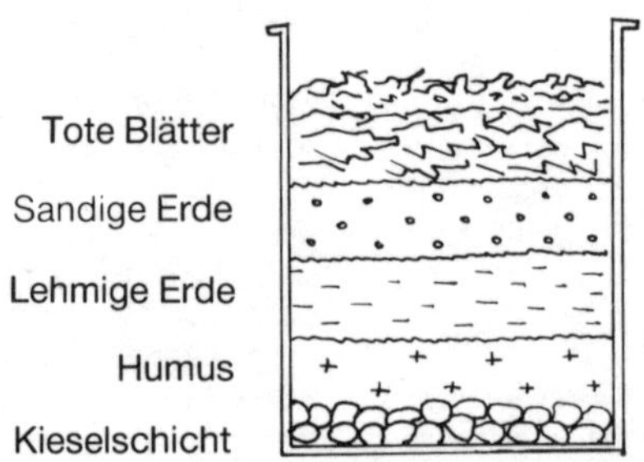

6

Die Schule der Spuren

Die folgenden Abschnitte vervollständigen die Arbeitsanleitungen der vorhergehenden Kapitel. Sie geben eine Reihe von Vorschlägen, wie man sich eine Spurensammlung und eine entsprechende Kartei anlegen kann und wie man die nach und nach gesammelten Erfahrungen systematisch verwertet und miteinander verknüpft. Die Vorschläge richten sich sowohl an Anfänger wie an Fortgeschrittene und vor allem auch an Lehrer und Leiter von Naturschutzgruppen. Anhand von Spuren ist eine Einführung in die Feldökologie am leichtesten möglich.

Sammeln, Konservieren und Aufbewahren von Spuren

Abgesehen von Fußspuren und den Bauen kleiner Nagetiere, die wir mit Gips ausgießen, können wir viele weitere Spuren sammeln und unserer Sammlung einverleiben. Wir erhalten dadurch interessantes und bedeutsames Vergleichsmaterial.
Zu diesem Zweck sollte man auf einer Exkursion die folgenden Dinge mitnehmen:

- Kunststofftüten unterschiedlicher Größe
- einige kleine Schachteln, die ausgepolstert sind mit Watte oder nicht faserndem Zellstoff
- Briefumschläge in verschiedenen Formaten
- eine Rolle Heftpflaster und eine Rolle starkes durchsichtiges Selbstklebeband
- einige Stücke weißen festen Kartons im Format 21 x 15 cm
- ein gutes Messer mit einklappbarer Klinge
- ein Paar Gummihandschuhe, wie man sie für den Haushalt benutzt
- ein Mäppchen mit folgendem Inhalt: eine kleine Schere, ein Maßband oder einen Maßstab (2 m), einen schwarzen Filz, etwas Schnur, einen Bleistift, einen Radiergummi, Büroklammern, eine oder zwei Stangen Knetmasse, ein Exkursionstagebuch

– ein Holzkonservierungsmittel in einer Sprühdose. Entsprechende Präparate kann man überall in Geschäften mit Bastlerbedarf kaufen. Obwohl der Inhalt giftig ist – die Gebrauchsanweisung genau lesen und mit größter Vorsicht zu Werke gehen! –, kann uns die Sprühdose doch von großem Nutzen sein. Sie enthält ein Insektenvernichtungsmittel und gleichzeitig ein gelöstes Polyesterharz. Wenn wir zerbrechliche Fundstücke, zum Beispiel Gewölle und von Insekten benagte Holzteile, damit besprühen, können wir sie nachher ohne Risiko transportieren. Das Harz verfestigt sie innerhalb einiger Minuten.

– Wer Spuren abgießen möchte, muß 1 kg Gips, entsprechend viel Wasser und ein Mischgefäß aus Gummi mitnehmen.

– Gräser und Kräuter mit Tierspuren sammeln wir mit ihren Wurzeln und verpacken sie einzeln für den Transport. Zu Hause trocknen wir sie, indem wir sie mit den Wurzeln nach oben aufhängen. Nach 1-2 Wochen entfernen wir die letzten Erdklümpchen, kürzen die Wurzeln, sofern sie nicht selber Fraßspuren tragen, und bewahren sie in Tüten oder aufgeklebt auf Herbarbögen einzeln in einer luftdicht schließenden Schachtel auf.

– Zweige und Äste mit Gallen und sonstigen Fraßspuren schneiden wir mit einem Taschenmesser oder einer Säge ab. Wir legen sie im Schatten zum Trocknen aus, in einem gut belüfteten, aber nicht zugigen Raum. Nachher empfiehlt es sich, die Zweige mit einem Insektenvernichtungsmittel zu behandeln. Die zerbrechlichsten Stücke fixieren wir mit Hilfe des bereits erwähnten Sprühmittels. In diesem Zusammenhang sei es dem Naturfreund empfohlen, regelmäßig solche Orte aufzusuchen, wo Bäume gefällt oder Hecken geschnitten werden. Er kann hier leicht Vogelnester und Eichhörnchenkobel finden, Baumhöhlen untersuchen und sogar ganze Spechthöhlen mit nach Hause nehmen.

– Nester aus Pflanzenmaterial werden in einer festen Schachtel gut verankert. Zu Hause müssen wir sie mit einem Insektenvernichtungsmittel behandeln. Diese Prozedur ist jedes Jahr zu wiederholen. Sehr zerbrechliches Nistmaterial verfestigen wir wiederum mit dem Polyesterharz aus der Sprühdose.

– Einzelne gefundene Federn legen wir in einen Umschlag. Von Greifvögeln oder von Raubtieren gerupfte Federn kleben wir auf einen Karton, und zwar möglichst in der Lage, in der wir sie in der Natur vorgefunden haben. Zu Hause bewahren wir sie in einer

Schachtel auf. Auch hier empfiehlt sich die Anwendung eines Insektenvernichtungsmittels.

– Gewölle packen wir einzeln in Umschläge und Tüten oder wickeln sie in Aluminiumfolie ein. Der Transport erfolgt in festen Schachteln. Zu Hause fixieren wir die Gewölle, damit sie nicht zerfallen. Noch frische Gewölle sollten erst einige Tage lang trocknen. Sehr zerbrechliche Gewölle wie die der Würger und der Raubvögel müssen wir mit dem bereits erwähnten Harzlack an Ort und Stelle besprühen, sonst fallen sie bei der geringsten Erschütterung auseinander.

– Die Losung von Kleinsäugern, von Hasen, Kaninchen und kleinen Raubtieren, konserviert man auf dieselbe Weise wie die Gewölle. Umfangreichere Losung fotografieren wir oder bilden sie mit Knetmasse in natürlichem oder verkleinertem Maßstab nach.

– Die Haut von Vögeln oder kleinen Säugern, die wir tot finden, können wir trocken in dicht schließenden Schachteln mit einem Insektizid aufbewahren. Auf diesem Gebiet sind die einschlägigen Gesetze zu beachten: Oft ist es nicht gestattet, sich ein solches totes Tier anzueignen.

– Zum Reinigen von Schädeln und anderen Knochen von anhaftenden Fleisch- oder Sehnenresten verwenden wir Natronlauge. Der Knochen wird darin eingelegt oder gekocht, doch ist dabei äußerste Vorsicht am Platz, denn Natronlauge ätzt sehr stark. Geweihe dürfen wir nicht in die Natronlauge bringen, sonst entfärben sie sich. Die sauberen Knochen werden 5-6mal gespült und dann für einige Tage an die Luft zum Trocknen gebracht. Man kann die Knochen anschließend in Bädern von Wasserstoffperoxid oder in einem Lösungsmittel wie Trichloräthylen (Vorsicht!) reinigen, um die letzten Fettspuren zu entfernen.

– Manche Spuren, zum Beispiel Insektengallen, halten sich nur, wenn wir sie in 70%igen Alkohol legen oder entwässern und in einen durchsichtigen Block aus Polyesterharz einschließen. Auf diese komplizierte Konservierungsmethode können wir hier aber nicht weiter eingehen.

Jede gefundene Spur erhält am besten gleich an Ort und Stelle eine Nummer. Im Tagebuch tragen wir unter dieser Nummer alle Fundumstände und die entsprechenden Zeichnungen ein. Ein solches systematisches Arbeiten erhöht den wissenschaftlichen Wert einer Spurensammlung. Wer es ganz genau nimmt, trägt die Spurnummer auch in einer detaillierten geographischen Karte ein.

Ein Spurenkurs

Das Studium der Spuren ist der beste Weg, um unsere wildlebenden Säugetiere kennenzulernen. Spuren können uns viel über die Ökologie und Verhaltensweise von Tieren lehren. Sie eignen sich deswegen besonders für Kurse, etwa in Jugendzentren, Schulen, Ferienkolonien oder Naturschutzorganisationen. Der Erfolg eines solches Kurses über Spurenkunde hängt davon ab, wie sorgfältig er vorbereitet wurde. Eine wichtige Rolle spielt dabei die richtige Wahl des Geländes. Der Gruppenleiter muß sich hier auskennen, um die interessantesten Themen auswählen zu können und um sich die nötige Dokumentation im voraus zu besorgen. Zunächst müssen die Kursteilnehmer dieses Gelände kennenlernen, vielleicht in Form eines Orientierungslaufes zu zweit, wobei auf die Topographie, die Geologie, die verschiedenen Vegetationsformen und größeren Tierpopulationen hingewiesen wird. Vielleicht finden die Teilnehmer bei diesem Kennenlernen schon die ersten Spuren.

Der Gruppenleiter sollte bei gemeinsamen Exkursionen möglichst alle signifikanten Gesichtspunkte der aufgefundenen Spuren behandeln. Die Bestimmung allein reicht nicht aus, sondern es sollte auch das Verhalten des Tieres und seine Wirkung auf seine Umwelt zur Sprache kommen. Die Anlage einer Sammlung empfiehlt sich bei Kursen nicht, doch sollte der Leiter die Teilnehmer dazu auffordern, Skizzen und Zeichnungen anzulegen und sie mit Bemerkungen zu versehen. Wenn die Teilnehmer schon einige Erfahrungen gesammelt haben, ist es sinnvoll, sich gruppenweise dem Studium einer Tierart zu widmen, um sich anhand der Spuren von ihrer Ökologie und ihrem Verhalten eine Vorstellung zu machen. Am geeignetsten sind Kolonien von Feldmäusen oder Bisamratten, eine dichte Rehpopulation, ein landwirtschaftlicher Schädling wie der Kartoffelkäfer oder die Spinnen einer Wiese. Welche Tierart wir auch auswählen, das Vorgehen ist immer dasselbe: zunächst legen wir ein Inventar der Spuren an und bringen diese mit dem Körperbau und der Anatomie des Tieres in Zusammenhang (zum Beispiel Gebißspuren, Kratzspuren, Trittsiegel usw.). Daraus schließen wir auf das Verhalten (Ernährung, Fortbewegung usw.) und dessen Zweck (Auswahl des Nahrungsmittels, Aufsuchen oder Bau eines Unterschlupfes usw.). Schließlich fragen wir uns, wie die Umwelt dadurch beeinflußt wird (Veränderung der Pflanzendecke, Beeinträchtigung oder Förderung tierischer Populationen).

Eine Population von kleinen Nagetieren in einer Wiese kann man zum Beispiel aus den folgenden Gesichtspunkten studieren:
- Wir suchen die Zentren der Kolonisation auf (siehe Seite 97)
- Wir bestimmen die Dichte der Erdbaue pro Oberflächeneinheit (siehe Fig. 8, Seite 45)
- Wir bestimmen, wieviele der Baue besetzt und wieviele verlassen sind (siehe Seite 62)
- Wir öffnen mehrere Baue, studieren ihre Architektur (siehe Seiten 59 und 62) sowie den Inhalt der Vorratskammern (siehe Seite 120)
- Wir gießen mehrere Erdbaue aus und unterscheiden sie nach Zweckbestimmung (Wohnbau, Unterschlupf, Vorratslager, siehe Seite 59)
- Wir analysieren die Tarnung und alle Strategien, die sich gegen Räuber richten (siehe Seite 44-45)
- Wir zeichnen auf einer Karte die Wechsel und Verbindungswege ein (siehe Fig. 8, Seite 45)
- Wir suchen nach Spuren möglicher Räuber (Losung, Gewölle)
- Wir analysieren die Losung (siehe Seiten 112-115) und die Gewölle (siehe Seite 115-117) dieser räuberischen Tiere
- Wir stellen fest, wie die Nagetiere mit ihren vielfältigen Tätigkeiten die Pflanzendecke beeinflussen
- Wir beurteilen den Schaden und Nutzen dieser Nagetiere für den Menschen (siehe Seiten 62, 97 und 119)

Damit ein solcher Kurs ein Erfolg wird, muß der Leiter viel arbeiten und auch auf Disziplin schauen. Durch Hinzuziehen von Spezialisten, etwa von Hundeführern, Jägern oder besonders kundigen Naturfreunden gewinnt der Kurs an Vielfalt und Interesse.

Stichwörterverzeichnis